起業百話

若きアントレプレナーに贈る

塩原　勝美

『起業百話』発刊にあたって

一　本書は、二〇〇五（平成十七）年十一月より二〇一五（平成二十七）年十一月まで、十年間、百二十カ月に亘って、メールマガジンにて配信された「起業アドバイザー便り」から百話を抽出して刊行いたしました。

二　「起業アドバイザー便り」は、毎月一回、全百二十回配信されましたが、本書では、No.01～No.１２０の全百二十話から、とくに発刊の目的に叶う百話を抽出しました。

三　刊行にあたっては、配信された当時の文章に、一部、加筆、修正を加えて編集しました。

四　ページ上段に経営に関する各項目を設け、当該の文章の系《けい》を示しました。

若きアントレプレナーに贈る

『起業百話』

目次

目　次

まえがき

私は二十八歳の時に、多少の回り道をしながらも起業しました。その後、事業経営を継続して来て、さまざまな経験と、この間の専門知識を加味し、若者の起業・独立を促したいとの熱い気持ちで、二〇〇五（平成十七）年十一月を第一号としてマンスリーの「起業アドバイザー便り」を、私のメルマガS/magazine上に掲載をスタートさせました。

当時の社会環境は、今ほど大学在学中の起業やベンチャーキャピタルの出資、創業三年程でのＩＰＯ（株式上場）もさほどでもなく、起業に関する情報も今日《こんにち》ほど豊富ではありませんでした。また、マスコミを含め、書店の書籍などでも正しい起業・独立の在り方などを十分に伝え切れていませんでした。

それに加え、各種団体の起業・創業セミナーなどの企画と運営、そしてアフターケアも、起業・独立をめざす若い人たちが求める知識欲、指針への期待などへの対応も不十分で、満足感を与えられていないと気付かされたからでした。

また、私が「起業アドバイザー便り」を通して、経営の入口たる起業・独立の時と、創業したてのヨチヨチ歩きの頃に知っておくべき事、心に止めておくべき事柄を知識と情報として、身に付けておいて欲しいとの願いからでした。

同時に、これも経験上理解させられていることですが、起業・独立して事業家として成功することは、誰しも夢みることですが、それは本当に他を見渡しても、極めて稀なことなのだとの厳しい現実も、正しく伝えておくべきと思いました。これらの全ては、事業を継続して来て、私自身も痛い思いをして、身に沁みる体験をして初めて分からせられたことで、この経験と思いを伝えることで「転ばぬ先の杖」として、起業・独立とそれに続く経営実務の根本となる原理原則を誰かが教えていかなければとの、責務のような思いを強く持って継続してまいりました。

こうして二〇〇五（平成十七）年十一月に私自身が起業して、その後の長年の実務経験から得られた知識、知恵を次の起業・独立を考えている人達に継げることの大切さに気付き「起業アドバイザー便り」をスタートさせ、そして十カ年百二十話を一区切りとしたものを、このたび百話に纏めました次第です。

私の人生を、これまでの歳月を振り返ったとき、我ながらアップダウンが激しく、また左右に大きく振れた悪戦苦闘の毎日で、起業・独立、それに続く事業経営の「大いなる実験場」だったのだと思っています。それ故に正しい起業の在り方や考え方、失敗しない起業・独立のかたちは「こうあるべきだ」と真摯にお伝え出来るのだと思っております。

本書が起業前、また創業して間もない人に向けて、正しい起業の在り方、事業の継続について、安易でなく普遍的な事柄を大切にして、一歩一歩確実な歩みで志ある起業を促し、強固な意思と事前の準備に心がけて、ご自身の起業・独立・それに続く事業経営の道を切り拓いて行って頂ければ誠に幸いのことと思っております。

承　前「私の起業」

上京、就職そして転職

私は高校を卒業した一九六二（昭和三七）年の四月に、N證券に入社し、神田支店に配属されました。最初は「どうして俺が支店などに……」と、その事情も分からず憤慨したのをよく覚えています。後日、独身寮生活の中で同僚や先輩を見ていて、実は営業支店の配属者の方が即戦力扱い、ということが分かり納得しました。ともかく東京の神田で、私はサラリーマン生活のスタートを切りました。当時、会社の独身寮が杉並区上井草にあり、支店のある千代田区神田まで、しばらくの間、私は学生服で通勤していました。入社して三カ月を過ぎた頃、上司から学生服を脱いでネクタイ一本を買うように指示されました。支店長は、机上の論理より「実践から学べ」という方針で、新入社員も営業予備軍として参戦を求められたのです。カバンに金融商品のパンフレットを詰め込んで、近隣の商店を軒並みに飛び込み営業するローラー作戦です。しかし、昼夜を問わず休日も返上しての飛び込み営業は、後年、私が起業して新規顧客開拓の成果を挙げるのに、どれほど役立ったかは計りしれません。同証券では、四年制大学を卒業した者は、三、四カ月もすると「書記」になれましたが、私のような「高卒組」は、その四年間を実務で埋めるという意味もあったのか、「書記補」でした。神田支店に配属された二年後に、神田支店と大手町支店の合併があり、私は新丸の内ビル内に新たに出来た新丸ビル支店に異動になりました。この時、大手町支店から異動してこられたのが、モスバーガーの創業者の一人である吉野祥さん（故人）

でした。彼は「高卒組」では、私より一級上の先輩で、吉野さんと私は、同じ営業チームに配属され、同支店だけで四十名はいたであろう営業員と一緒に、営業活動に邁進しました。

私は大学生活を経験していません。私たち「高卒組」にとって、この四年間のギャップは、高卒ですぐに社会に放り出された私たちには、とても大きいものに感じられました。それは社会人としての実体験の長さでした。学卒の新入社員は実務経験はないけれど、社会とほどよい距離間をもって付き合った時間《とき》を経験しているように見えました。彼らは成人後に実社会との接点に近いところで、実際の社会を経験しているがゆえに、彼らには社会人としての深みや人間の幅、広い友人関係をすでに備えているように感じました。その差は、人間的な魅力や土壇場の非常時に、歴然と現れるように思われました。徒手空拳で東京に出てきた当時の私は、彼らにはとても敵わないと感じたものでした。

ある年の、ボーナスの話題が社員同士の会話に上る六月初め頃、高卒の営業員が集まって話をしていたとき、「俺たちには確かに本社からのノルマはないが、ノルマのある大卒の営業員と同じように、俺たちだって一生懸命に成果を挙げて支店の評価に貢献している。支店の資金から俺たちにも賞与の一部が加算されてもいいのではないか」という話になりました。皆、上司や先輩に「金融商品を売って手数料収入を挙げろ」と厳しく鍛えられていましたから、待遇に対する不満は仕事が出来る人ほど強かったと思います。すると、私と同じ営業チームの数人が、「同期の中では塩原君が一番大人だから、君が上司に掛け合ってくれないか」と言ったのです。

ちょうど、神田支店と大手町支店が合併した直後の頃で、本店から高卒で取締役でもある出世頭の、評判の高い支店長が新しく配属されてきていました。その新支店長は病気がちな人であったので、T副支店長が支店の実務と責任を負っていました。T副支店長は、当時では珍しい女性の評論家を姉にもち、いわば慶応ボーイの遊び人でした。当時の巨人軍の長島、王選手を支店に呼びつけて銀座へ遊びに連れて行ったりして、顔の広さを誇示していました。今で言う「たにまち」の部類です。支店だけでも営業員が四十人もいましたが、支店で使える交際費が払底されると、彼は私たち営業員にタクシーを利用したことにして出金伝票を書かせ、その金を集めて銀座で豪遊するような人でした。彼の悪知恵は支店長を銀座の遊びの世界に引き込み、いわば保険をかけていたわけです。そんないい加減なことをしても、当時は支店に命じられた成績を挙げていれば、本店からとやかく言われることはなかった時代でした。

そのT副支店長に、同期を代表して私がボーナスの交渉に行くことになったのです。私は彼に、「私たちだって毎日、一生懸命に営業に励み成果を挙げているのだから、本店の同期の事務職員と処遇が同じなのは、おかしいではないか」と意見を述べました。するとT氏からは、「君たちの気持ちは良く分かった。この場で即答は出来ないが、来週の火曜日には必ず返事をする」という答えが返ってきました。おそらく「来週の火曜日」が、賞与査定の期限だったのでしょう。私たちは約束の火曜日を待ちました。そしてその大事な約束の日、私たちは朝からT氏の回答を待っていましたが、なんと彼はその大事な約束の日に欠勤したのです。後でその理由を人づてに聞いて、私たちは愕然としました。あろうことか、前日に銀座で飲んで沈没したのが欠勤の理由だったのです。翌日、出勤してきた彼の口からは、火曜日の私たちの賞与に関して、何の回答もなされなかったのです。

私は会社に対するこれまでの溜まりに溜まった不満の堰がとうとう切れてしまいました。支店には営業部に五、六の課があり、それぞれに課長がいましたが、私は上司の課長にも一切事情を告げず、熟考して辞表を提出しました。私はT氏のすぐ下の上司に別室に呼ばれ、退職の理由を尋ねられました。本当の理由を正直に話せば、支店内にいらぬ波紋が生じますので、義理の兄が目黒で小さな電気工事会社を経営しているので、営業がいないので手伝ってくれと申し込まれた、と作り話をしました。当然、上司は納得しない顔で、「君が将来、結婚するにあたり、その結婚式の席上で君の経歴を披露する場面を想像してみたまえ。現在の勤め先と今後の勤め先での自分を考えてみて、どっちが良いか？」と、質問されました。私は心の中で、転職を考えている部下を慰留する話としては、まったくレベルの低い譬えだと思っていました。

これまでの私は親に何か相談して自分の進路を決めてきたわけではないのですが、私はとりあえず、今回の退職する自分の決断の経緯を両親にしっかり説明しておこうと思い、帰省しました。自分は仕事が辛いとか嫌だとかで退職しようとしているのではない。自分にはどうにもならないことが前に立ち塞がっているので、違う道を選択して進んでいきたいと話しました。細かな内容を話さず、「心配しないで大丈夫だから」と伝えました。そして、弟はなんとか大学に入れるようにして欲しいと頼みましたが、父親にそこまでのお金がないと断られました。私は致し方なくその日のうちに、東京に戻りました。

この時の心が折れてしまうほどの「苦い」経験が、いわば反面教師となり、それ以後の私に、上司や経営者のあるべき姿をしっかりと身に付けさせたのだと思います。つまり、「部下・社員との約束は必ず守る」「いかなる時も社員に誠実に対崎する」ことの大切さを、私はここで学ばせてもらったのです。約束を軽んじるリーダーには絶対になってはならないと、私は心に誓いました。

私はN證券時代の最優良の顧客だったある企業の社長に退職の決意を語ったところ、社長から「我が社へ来ないか」と、お誘いをいただきました。I工業社は都市ごみの焼却場を建設する老舗の会社で、関東圏を商域としていた中堅会社でした。私は社長の誘いを受け、営業統括者としてI工業社に転職しました。しかし企業の内情は、外からはなかなか見えにくいものです。その社長が公私の区別が出来ない人だと分かったのは、私がI工業社の社員として働き始めて、しばらくたった頃でした。当時は、携帯電話などない時代ですから、いつも行き先を告げずに、また出張に行ってしまう社長の下では、実務に支障を来すことが多々ありました。私は営業の統括として、所在不明の社長に代わって、さまざまな実務をこなさざるを得なくなりました。

ある時、私が窓口を担当した市町村の担当者から、都市ごみ焼却場の修理依頼がきました。私はすぐに現場調査に出向き、工務部長と協議して見積書を作成し、部長に承認の押印をお願いしました。そして社長印を直接お願いしましたが、いつになっても私の手許に戻ってきません。こういったことは社員の誰もが承知していることでしたが、社長は自ら取ってきた仕事は一生懸命にする人でしたが、社員が取ってきた仕事には、警戒心なのか不納得なのか知りませんが、なかなか印を押さない人でした。当然、先方からは催促の電話がかかりますし、仕事は前へ進みませんし、先方の業務にも当然、支障を来しているのではないかと、私はやきもきしていました。

そんなとき、何かの用でたまたま社長室に入ると、その見積書は、なんと二週間もの間、社長の机の上に放置されたままだったのです。そして、社長の机の上に社長印が転がっているではありませんか。私は、「銀行の小切手を切るわけでもないし、早いほうが先方にとっても良いことだから」と、放置されたままの見積書に社長印を押し、先方へ郵送しました。それが社内で大問題になったのは言うまでもありません。今にして思えば、先を急ぐあまりの無茶な行為であったと反省しています。幸か不幸か、結果的にその仕事は取れませんでした。私としてはお得意先への対応如何で、今まで築き上げた会社の信用と仕事を失ってしまうという思いの行動でした。社員から依頼された仕事に速やかに対処するのは、経営者たる者の当然の務めであると思っていましたから。このことを発端として「真に信頼出来る社長の下で、私は働いているのだろうか」という疑念が、ふと私の心に沸きました。この出来事が私にとって、「社長とはどうあるべきか」を考える上で反面教師となりました。私は自らの信条を曲げてまで、ここで仕事を続けても意味はないと判断し、退職の決意をしました。

脱サラ、共同経営でスタート

私がI工業社を辞して、共同経営形式で始めた印刷会社では、立場上は専務取締役でナンバー2でしたが、資本金のほとんどを自分で集め新規開拓で有力顧客を開拓し、黒字経営の基礎を築いた自負心をもって、頭の中では自分の会社として日夜業務に大車輪でした。また多くの紹介先をN證券時代のお客様からいただきました。紹介されて請け負った仕事は、名刺や原稿用紙の印刷といった、どんな小さな仕事に対しても、納期と品質を守ること、お得意先に途中経過を報告することなど、私は常にお得意先に安心を与えることに徹してきました。それがお得意先の不安を取り除き、信頼を得ていくと確信していましたから、そのような当たり前のことを、私は徹底してやってきました。それらはすべて「自分事」だとの信念をもってやってきました。

私は、小資本で起業出来ること、起業の誘いをした人間が印刷の業務に精通していることを拠り所として共同経営に参加しました。そしてその事業領域（ドメイン）をしっかり見定め、海外向けの印刷物を制作していくことに決めてスタートしました。それは従来の欧文印刷における文字組版部門にフォーカスを絞ったビジネスで、その当時開発された米国ＩＢＭ社製の欧文タイプライターをいち早く導入し、植字工の手作業から英文タイピストの活用によって、スピード、コスト面からも断然優位に立つビジネスモデルでした。このように時代を先読みしたビジネスは、創業から二年程で一応、軌道に乗りました。起業するにしても、業務にしても、このように先を読んで、「事」を処していくのは当然のことと、今でも思っています。

真の理想の経営のかたちを求めて

私が共同経営で始めた印刷会社から身を引くことを決意したのは、経営が軌道に乗ってきた頃、その経営パートナーが荷物を運搬するための商用車ではなく、乗用車を買ったのが理由のひとつになりました。それまで私たちは、完成した印刷物をタクシーで運んだり、近いお得意先には自転車で運んだりして大変な思いをしていましたから、私は車を購入するのであればライトバン（商用車）を買うものだと疑いもしなかったのです。私は二人の経営に対する意識の差を、この出来事で思い知らされることになりました。荷物を運ぶ大変さを身にしみているはずの私たちが、自分の通勤のための、いわば私用の乗用車を買うとは、何たることだろうと。仕事を確保し、その納品までに汗を流すパートナーの大変さを理解せず、自ら「率先垂範」すべき社長が、経営の何たるかをまったく分かっていない行為に、私は憤りを覚えました。また、ある夏の頃、彼は一週間の休暇を取って、家族を連れて帰郷したことがありました。郷里から届いた彼の葉書は、「皆さんが一生懸命やってくれるように祈っています」などという、まったく経営者らしからぬ一行で締めくくられていました。パートナーや社員たちを働かせて、本人が「故郷に錦を飾る」如きの態度が見え見えで、社長が真先に休暇を取り、のんびりするなど、経営者とはそんな甘い考えでは出来ないはずです。「先憂後楽」の志がなくて、何が経営者か、と私の憤りは徐々に増幅していきました。二人は経営の方向性や姿勢が完全に違っていたのです。会社のための商用車ではなく、自分のための乗用車を買うといった「公私の区別」が出来ない、「率先垂範」の意識も違う、社長の仕事とは何かをまったく分かっていない、いわばビジョンなき印刷屋に、私は自分から決別する覚悟を決めました。

他を頼まず理想の会社づくり

私は大手証券会社支店勤務、その後の中小企業勤務を経て脱サラし、経営とか商売とかがどういうものなのかを理解しないまま、中小企業勤務時代に出入りしていた印刷業者と共同形式で起業しました。それは、大企業に勤め、中小企業勤務も経験し、窮余の一策としての起業で、先ず少資本で起業出来ることが唯一の手段だったような起業でした。この間のビジネスマン時代に、上司やパートナーを含め、周囲の人間関係で自分自身が味わった「苦味」と言うべきか、「嫌だな！」と感じて、身にも心にも痛みとして私のうちに秘めてきたことは枚挙にいとまがないほどです。身ひとつで上京し、初めての職場では自らの成人式の当日も休日出勤していました。丸の内という地に勤務しながらも、どうしょうもない会社生活の不条理の中で「鬼になろう、鬼になろう」と心を決して営業活動に明け暮れていました。そうした折にボーナス時期が来て、本社の事務職と同じ処遇でなく、少し考慮して欲しいと同僚の代表として支店責任者に願い出て、回答の約束の日にそれを反故にされた無念さ。これまで、ともかく一途に頑張ってきた故に張られていた糸はプッツリ切れてしまいました。誘いを受け転職した会社では、悪しき中堅企業の例に洩れず、社内規律や社員のプロ意識の欠除で、これは容易ならざる会社だと思いました。考え方を変えてみて、だから自分が招かれたのだと奮起して、社長の参謀として広範囲の業務に精勤しました。しかし「魚は頭から腐る」の譬えで、社内の底辺からの改革は、とうてい出来るものではありません。初めての起業をしたときは、まったく、今思えば、未熟な私でした。岡目八目で相手の話を盲信し、後々にその咎めを受けました。しかし、自分が資本金をほとんど掻き集め、無借金でのスタートでしたので、欧文組版のニーズの先取りをして、新規顧客獲得のための飛び込み営業で疲れを知らない毎日でした。とくに社団、財団法人の名簿を入手して霞ケ関・虎ノ門の地域を特定し、「努力は必ず報われる」との信念は揺るがず、期待以上の成果を挙げることが出来ました。なぜターゲットをそうしたかと言いますと、特殊法人の支払いが二十日締め切りで、その月末には銀行振込みがなされるからでした。そうした中にあって、先に光明を感じられた頃に、共同経営の難しさから、見切りをつけ、自分の理想の会社づくりをスタートさせました。

私が経験し、学んだことを活かして欲しい

私はこれらのさまざまの経験と思いを踏まえて、自分の人生、事業の在り方は誠実であること（約束は必ず大小にかかわらず守る。それは時間も同じです）。労を惜しまないこと（相手を思いやるクイックレスポンスに徹する。率先垂範はリーダーの最低の努めです）。言い訳をしないこ

と（男の美学として徹していかねばならないと思っております）。

この三つを私の信条として社内外に公にして、今日に至ります。

私は事業歴四十五年を経てまいりましたが、この間、誠に幸いなことに健康に恵まれ「事業専一」に努めることが出来ました。おおよそ三十年前のスタート時からの企画・デザイン・印刷の事業は後進に委ね、経営コンサルティングおよび不動産関連の事業に専念してまいりました。

こうして改めて多くの場面を振り返ってみますと、次のような結論に帰結しました。

●経営は自己責任、自助努力と運が左右するもの。
●起業して経営をしていくことは、明かりもない暗い夜道を行く、また薄氷の上を歩むが如く危うさに満ちているもの。
●起業・独立、それに続く経営も実践してみて、初めてわかることだらけである。

ですから、これらのことで私自身がわかり得たことを、次の起業・独立を考えている人たちに継げることの大切さに気付き「起業アドバイザー便り」をメルマガで発信し始め、そして十カ年百二十話を一区切りとしてこのたび百話に纏め上げ、お届け致します。

『起業百話』が、これから起業をめざす皆様の一助となれば幸甚であります。

#【巻頭言】

「アントレプレナー魂を！！」

・私は平凡な人間になりたくない。
・自らの権利として限りなく非凡でありたい。
・私が求めるものは、保証ではなくチャンスなのだ。
・国家に扶養され、自尊心と活力を失った人間になりたくない。
・私はギリギリまで計算しつくしたリスクに挑戦したい。
・つねにロマンを追いかけ、この手で実現したい。
・失敗し、成功し…七転八起こそ、私の望むところだ。
・意味のない仕事から暮らしの糧を得るのはお断りだ。
・ぬくぬくと保障された生活よりも、チャレンジに富むいきいきとした人生を選びたい。
・ユートピアの静寂よりも、スリルに満ちた行動のほうがいい。
・私は自由と引き換えに、恩恵を手に入れたいとは思わない。
・人間の尊厳を失ってまでも施しを受けようとは思わない。
・どんな権力者が現れようとも、決して萎縮せず、どんな脅威に対しても決して屈伏しない。
・まっすぐ前を向き、背すじを伸ばし、誇りをもち、恐れず、自ら考え、行動し、創造しその利益を享受しよう。
・勇気をもってビジネスの世界に敢然と立ち向かおう。

出典：Dean Alfange（1899年12月2日生まれのアメリカの政治家）
「アメリカ人であることが意味するもの」（翻訳者不明）から

「何のための起業なのか？」の目的意識を確立し、それを将来もブレさせない

私の初めてのサラリーマン生活のスタートはN證券でした。ＪＲ神田駅前の神田支店に配属されました。自身「どうして俺が支店などに……」と、その理由も判らず憤慨したのをよく憶えています。後日、独身寮生活の中で、同僚、先輩を見ていて営業支店の配属者の方が即戦力扱いだからだということが判り納得しました。

日夜に亘る奮闘努力が続きましたが、大企業の人事制度は個々の努力、精励をも顧みず、カテゴリーとしてのモノとして評価することに大いに落胆し、思い悩んだ末、ついに身を引くことを考えました。

その後、支店勤務当時の最優良顧客先の営業統括者として転職しました。そこでは当初の予想に反し、中小企業の経営者としての公私混同や企業家精神の欠如と閉鎖的な面がやたら目につき嫌気がさしました。では次はどうすると考えたら、大企業も中小企業も勤めたのだから**「自分で商売というものをしてみたい」**と一念発起して起業することにしました。少資本で出来るビジネスは何かといろいろ模索し、先輩の話も聞いて企画、デザイン、印刷の業務でスタートしました。最初は他人が来たら困るようなボロ事務所で家賃は三万円と記憶しています。

その後、前進の日々があり、紆余曲折の時々がありました。そして神田駿河台に移り、そこを

第一話　№01　2005.11「起業アドバイザー便り」より

本社として、数カ所の事業所に拡大するまでになりました。その後、現在の自社ビルを取得して各事業所を統合しました。事業内容も時代の変革とともに数多くの事業に体当たりし、攻撃と撤収を繰り返しました。最近ではコンサル、不動産関連など大きく舵を切って今日に至っています。

　私の考えは、**自分が事業を起こすことは「自己表現・自己実現」のための行為**だと思っています。私の場合は、サラリーマン生活を大企業、中小企業の両方で経験しました。学生時代からサラリーマン時代に松下幸之助や本田宗一郎の本も数多く読みました。金儲けのために仕事（事業）をすることでなく、自分の意志、即ち自分の人生を悔いなく生きるためには何をすべきか？　試行錯誤の結果でした。

　独身ですし、もし失敗すれば帰郷して…と、後のことは余り深く考えませんでした。そしてコツコツ蓄えた身銭でのスタートでした。その時、ホテルオータニの大谷米太郎氏の事業を起こすにも「先ず種銭が大切である」という「種銭哲学」が頭にありました。自己資金をどこまで自分で用立てられるか、そして資金確保のための努力をこれまでしてきたかを改めて確かめる必要があると思います。そうです、**「自らを知ること」、即ち「脚下照顧《きゃっかしょうこ》」が失敗しない起業のためのポイント**のひとつです。

　また、起業を目指す方に伝えたいことは、起業をする前に、ご自身が**「何のために起業するのか」という目的意識**を確立し、それを将来もブレさせない確固たる信念を持つことが必要だということです。

自分の金・他人《ひと》の金

何をするにも資金が必要ですが、今回は、**自分が用意する資金の内容により、事業を成功できるか否かが決まる**こと、そして少しでも成功の気運が出たときに、さまざまな障害が出てくるものだというお話をいたします。ひとつは、**少なからず資本金の五一％以上を自己所有**していなければ、将来、禍根を残すことになるということです。何故なら、少しでも成功の形が見えた頃、株主総会で会社の主導権争いという「内紛」が予想され、場合によれば、あなたは会社から追われる事態となるかも知れません。「起業」は自分の思いだけでは出来ませんし、多かれ少なかれ資金が必要です。およそ「起業」のプラン段階での売上見込額、経費および利益など、所詮、絵に描いたモチです。大体は売上額は目標以下、経費は一・五～二倍など、プラン通りに行くことを望むこと自体が大甘なことだと思います。また、事業をスタートさせ、たとえ上手く軌道に乗せたとしても、常に金繰りに追われ、そこから解放されることはマレなことです。それは永年の実務を通して知る「中小企業の宿命」みたいなものです。自己資金が底をつき、他から資金導入を図るべく金融機関に出かけたとします。創業から一～二年位は「様子を見させてください」と言われて、体よくあしらわれます。三～四年位経ちますと多少とも企業の形（収益力、信用など）が整いますから貸借対照表を基に面談の時間をもらえます。しかし、その段階まで行くために経

第二話

№.02　2005.12「起業アドバイザー便り」より

営に関する資料づくりが想像を絶する位大変で大きなエネルギーを必要とします。この資料づくりを考えてみますと、経理事務処理を万全にしておく日頃の意識と努力が出来ているかということが重要なポイントです。なぜなら金融機関としては書類が整えられるかどうかが借入申込企業への第一義の関心事なのです。「経理担当者がしっかりしているから…」と経営者が丸投げして、面談の折に正確な各項目の説明がなされないとすると、相手は「？」として腰を引くことになります。要求される膨大な資料を整理して金融機関に出向き、面談を通して当方の事業計画、資金使途など的確に説明できるとすれば、他の金融機関でも融資ＯＫとなるでしょうが、そのようなことは十社に一社位だと思います。すなわち、**「資金（カネ）を借りることとはこんなに難しいことなのだ」**と骨身に堪える難行苦行なのです。昔から資金（カネ）は企業の血液だと言われてきました。血液が廻らなければ人も企業も死に至ります。それほど資金繰りは重大事です。最近の例ですが、面識のあるかなりの実務経験を積んだ四十代初めの方が訪れてきて、新しい事業の計画書、収支目録書、株主構成などの書類とともに最後のページに五百万円の出資申込書がありました。事業の内容（進出しようとするマーケットの成熟度、先見性、技術力など）が魅力に乏しく、自分たちの出資金＝「自分の金」の余りの少なさに検討の余地もなく、即答で断わりました。私にすれば、初めから起業のスタンスが間違っているからでした。**他人の資金「他人《ひと》の金」を当てにした起業は、すぐに行き詰まるのは目に見えている**ということ。

最後に、私は経営者としての無駄な時間のかけ方は、一、整理整頓が下手でよくモノを探している時間　二、資金繰りのために費やす時間だと思っています。これまでに我が身を痛めて骨の髄までそれを感じてきました。

失敗してこそわかるパートナー選び

起業する際に共同経営のスタイルをとり、スタートさせた事業が、その後さまざまな事象に双方が悩まされることが多々あります。経営を軌道に乗せるまでには数多くの試練が待ち受けています。自分一人の知恵や努力でこれらを克服することは至難なことです。そこで一緒に事業をしていくためにビジネスパートナーが必要となります。もちろんサポーターでは決してありません。共に事業の夢を叶える同志の意味です。かつてＳＯＮＹの井深大、盛田昭夫氏、ホンダの本田宗一郎、藤沢武夫氏の如く、世にベストパートナーと評せられるほど、創業企業を世界に通ずる企業に発展させたのは、それぞれ絶妙なパートナーシップを基にした、**お互いの長所を認めあう役割分担**が成果に繋がったのだと理解しております。

では、ビジネスパートナーを選ぶ前提として決めてかかるべき事柄を列記します。もちろん、ともに事業をやり遂げようとする信念と執念を持っていることは当然です。

①あくまでも自分が主で、パートナーとしての立場は従なのだとの双方の確認がなされ、出資比率もそのように明確になっていること。そうでないと両雄並び立たずで、事業が軌道に乗ったころ紛争の素になることが多い。

第三話　№03　2006.01「起業アドバイザー便り」より

②両人の能力、技術力やビジネスマインド（仕事をしていく上の価値観）が一致して違和感がなく、尊敬の念で接していける人。
③個として人間性の根本となる誠実、勤勉、健康、責任感、金の使い方、ものを整理しておく姿勢、清潔さなど多項目でチェックする位の用心深さで観察、確認をしておくこと。

逆に避けておきたいパートナーについては、次のような性質の人です。
①日頃の仕事の進め方が論理的でなく、かつノロノロと遅く、またその成果が不満足の人。
②口先三寸、口説の徒で日頃の会話から誠実さに欠ける人。
③言い訳が多く、責任感が乏しく、時間観念がない人。
④日頃から散財をしてきて、出資金を出せない人。

パートナーは短兵急に決めてしまわないで、先輩などに相談したりして、**じっくり時間をかけて選んでいくことが肝心**です。これまで経営相談のうち、このパートナー選びで失敗して後ろ向きの仕事に忙殺されたり、親の残した財産を失ったり、共倒れの結果で泣いている人は数多く存在します。最後に、パートナーとして一緒に事業を始めようとするならば、既婚者であれば相手の家庭に遊びに行き、奥さん、子供を見て判断することもひとつの考えだと思います。人を疑うことは悪だとの甘い考えを捨て、起業への思いが先行して冷静にものを判断出来ず、その挙句「後悔先に立たず」となりかねません。ここは古くからの賢者の知恵に学ぶ必要があります。かく言う私もこのような過ちの経験者なのです。

創業仕立ては、売上の「形」が大切

起業するための「知恵」や「心構え」について、三回に亘り、ふれてきました。

起業は、資金と事務手続きさえ整えばスタートできます。しかし当然のことですが最も大切なことは、どのような「ビジネスモデル」で自分の企業の志を叶えるかです。あなたがこれまで社会に出られてからのビジネスにおける経験や技術力、そして次の時代への洞察力など、数多くの思いをもって起業がスタートされるわけです。

私が新しいビジネスを考察するときにまず第一に考えることは、このビジネスで「天下を獲れるか？（マーケットシェア）、否か？」です。現代を踏まえ、新しく変化しつつある来るべき時代に合致させられるか、そのかすかな芽（予兆）を感じ、次はこうなるであろうと予測して、どの位の規模のビジネス（事業）になるであろうかと思案します。いわゆる新しいビジネスの気運を感じられるか、時代とマーケットへの鋭敏さが求められます。

そしてあまり大きなことを考えずにニッチ（隙間）なマーケットに独自性と競争力が発揮できるか、利益率が他より高いかなどを深く、鋭く考察するように努めています。三十五年の事業経営者としての経験を基にした用心深さと信用力、人脈をもってしてもそうなのです。

何事にも慎重さを大切にしたいものです。拙速は大きな災いの基です。

第四話

№.04　2006.02「起業アドバイザー便り」より

そこで留意したい事柄としていくつかを挙げます。
創業仕立ては、売上の「形」として極力努めておきたいのは、次の四点です。

一　毎日売上が立つ（計上できる）仕事をすること。

二　出来るだけ売上金の回収が早いことを念頭におくこと。

三　慎むべき仕事は、長期間に亘る、いわゆるロングスパンの仕事です。どんなに利益率が高い（儲けが多いと思えても回収のリスクが高い）といわれても、企業体力の劣る、起業したばかりの会社がやるべきではありません。

四　表向きは華々しい仕事でも、年に数度しか売上が立たないような仕事は、立替金など支払い先行となるので資金繰りに窮する結果となります。手形取引などの仕事などは絶対タブー視して、やってはいけません。

売上の「額」を問題とするのでなく、売上の「形」を常に意識した経営が望まれます

スタート間近な会社ほど、**堅実な売上とスムーズな代金回収**が求められます。そうでなければ企業の将来像など描けるはずはないのです。

自身の身軽さと「心身一如」

心に秘めて計画を立て、どのようなタイミングで起業をすべきかを考えるとき、まず第一に大切なことは、失敗したとき、即ち出口（エグジット＝EXIT）に、どう我が身を処するかをしっかり腹づもりをしておく必要があります。

誰しも成功を夢みて起業するわけですが、その確率は現実には「万にひとつ」です。それを思えば、このように起業後の撤退をいろいろ考えておくことも無駄ではないと思います。

男性であれば、なるべく独身か、既婚者であっても奥さんが新しいスタートに手助けしてくれるようであれば結構な話ですが、小さなお子さんがいるような家庭を背負っての「起業」は、より慎重に決断せねばなりません。

なぜなら、**起業は成功より失敗の確率の方がはるかに高い**と私は思っているからです。ですから自分自身のポジションを身軽に、余分な負担を極力避けておく必要があろうと思います。自身の生活費も含め、出費が小さな状態にしておく必要があるのです。私生活で何かと雑多で生活苦に追われたりして、肝心な事業の判断力に躊躇があってはなりません。そして、それらのストレスは、からだを壊す原因になるからです。

第五話

№05　2006.03　「起業アドバイザー便り」より

「起業」し、事業を続けていくには、何よりも「心身」ともの「健康」が大切です。

起業しスタートして資金の大切さと同等に、自分の心とからだの健康には本当に細心の心配りが大切です。「心身一如」とたとえられる如く、「心」と「からだ」の健全さはひとつのものと考えて、どちらが欠けても事業の継続に支障を来します。起業する前より、自分の心とからだの健康は常日頃から真剣に自覚し、留意しておく必要があります。

もし、このことに自信がなければ起業以外の自己表現、自己実現の途を再考することもひとつの選択肢です。自らの健康に何か支障があれば、公私ともにリスクが大きいと言わざるを得ません。逆説的に言えば、からだのことで臆してガムシャラに事業に専念できないとすれば、期待すべき成果が得られるとは思えません。ストレス社会と言われますが、起業してこれまでと異質の世界の新しい環境に身を置くことは、ストレスのマグマの真中に身を置くことと同じことなのです。

自分自身の身軽さと「心」と「からだ」の健全さがなければ事は成らないと思います。

常日頃、メンター（指導者・助言者）などの知恵を借り、二つの事柄の重要さをしっかり身に付けておくことが今後の多くのリスクを避ける予防策となるはずです。

夢を追うばかりでなく、**失敗したときのことを考えておくことを疎かにしない**で歩を進めて下さい。

他人の知恵を借り、人生の師《メンター》をもとう

時代の変化のスピードが想像以上に速く、経済環境もグローバル化、少子高年齢化など、本当にさまざまな要因を含みながらビジネスの組立てがなされて、初めて起業や独立のスタートがなされるわけです。

かつて日本経済新聞社は企業の寿命三十年説と断じてきました。九〇年代のバブル経済崩壊後から十五年程が経過しましたが、この間企業体力の消耗戦に敗れて市場から退場した企業の多くは投融資の失敗での倒産、銀行の貸しはがしなどの他に、とくに最近では商売の位置する環境が激変したことでの転・廃業が散見されてきています。

このように、私たち人間も植物などと同様に、企業も、所詮、環境に左右される生き物なのだと思い、時代をしっかり見据えて起業、独立する必要があります。

ですから今あなたがこれからスタートさせよう、またはスタートしたビジネスが現在、将来にどのように発展し得るかは、単にひと一倍、額に汗を流すことで解決できるとは思えません。

ではどうしていくべきかの答えは、自分以外、即ち、**他人の知恵を借りつつ「事を成す」**ことが大切です。自分以外とは、**先輩、友人、それから良き指導者（師）**などです。

第六話

№.06　2006.04　「起業アドバイザー便り」より

徒然草の兼好法師は、善き友とは「ものをくれる友」だとしております。現在ではこの「もの」とは単なる品物というだけでなく「貴重かつ有用な意見、情報」と置き換えてもいいでしょう。

自分だけの知恵と汗だけでは、いくら頑張っても事業の成功は及びもつかない時代で、自分を謙虚にいつも見つめていて、日頃より何かと他人の知恵を借り、より事業活動を万全にしておくことが肝心です。

それだけやっても本当は足りません。時々刻々、世の流れが変わるからです。そのために常日頃より、そのような人間関係を築いていくために、自分自身が人間として研鑽しておく必要があります。それは他人のために大いに汗をかく毎日であってほしいと思います。二十代では若さと情熱は当然ですが、三十代以降は「本物の人」に自分がならなければ、決して他人は助けてくれると思わない方がよいと思います。

私のこれまでの経験からして痛感していることは、**人生の勝利者とは「早く何を成すべきかに気付いて、精一杯の努力と気配りのできる人」**だということです。

月に十四万円を残す重み

経営者の悩みの多くは、実際に経営してみて、より強くわからせられることですが、資金繰りにあるということです。サラリーマン時代でも、給料日をはさんだ前後の懐具合いの差は切ないほど極端で、お金の価値を身に沁みさせられます。ですが、サラリーマン時代は給料日を待つことでなんとかやりくりができますが、事業経営は待っているだけでは入金予定が立ちません。ですから予定が外れれば資金の工面をする必要に迫られます。昔から「金がないのは首のないのと同じ」とたとえられていますが、このように直面すると、痛いほどお金が欲しい。決して自分のためだけではなく、社員の給与、外注先への支払い…etc.、思いは限りがありません。

過日、三十歳で脱サラし、創業して十八年が経過し、現在三千万円の借金のある五十才近くの会社経営者の方が来社されました。この過ぎた十八年間には山あり、谷あり、順境も逆境もあったと言っておられました。現在の悩みは、三千万円の借金があることと、今後のビジネス展望からして、新たな借入のための方策にこれといった手立てが見い出せないことでした。

お話しを伺って私は思いました。この重い三千万円の借金はどうして出来たかと考えると、これは言うまでもなく十八年間で積み上げたものです。

第七話

№.07　2006.05 「起業アドバイザー便り」より

その等式はフラットに考えれば、

３０００万円÷18年＝１，６６６，６６６≒１６７万円（これは一カ年のマイナス額）

１６７万円÷12カ月＝１３９，１６７≒１４万円（これは一カ月のマイナス額）となります。

即ち、毎月十四万円の資金不足の結果の累積したものが、現在の借入額三千万円と考えられる訳です。逆説的に言えば、毎月十四万円の資金を別のところにプールしておいて十八年間貯めてきたとすれば（事業の利益という意味だけでなく、税金を控除した残金、個人の所得からの天引きなど）三千万円の手許資金のある会社の形が出来ていると言えるのです。

この**毎月十四万円**を社外に出してしまうのか、プールして経営に回すのかの差が、**手許現金三千万円が残せる**か、借入金三千万円が残るかの差となるわけで、この事実が厳として存在しているわけです。

過ぎ去りし日を憂えても始まりませんが、このことをしても、いかに事業資金として手許にお金が残せるかということの難しさを知ることになります。

よく「血の滲む金」といわれます。血の滲む努力の結果の金は粗末に出来るわけはありません。いや、泡銭《あぶくぜに》であっても**何時かの備えのためにプールしておく位の決死の覚悟**があってこそ、月に十四万円の資金が手許に残り、三千万円の自己資金が生まれるのです。

そこで、貴方だったらどのような経営スタンスで直面する事態に臨むのか。現在、今後をどう臨んでいくかが今問われているのです。

人を得るのは己れ

現在「私が起業・独立を決意した日」（仮題）とする小冊子を取り纏めるべく、取材・編集の作業を進めております。さまざまな領域の異なる事業を展開なさっている友人、知人の方々で、ご自身が起業・独立を決意されたその日、その時にスポットをあて、執筆やらインタビューをお願いしております。その小冊子の発行の目的は、現在起業・独立を計画しつつある方々へのアドバイスやヒントとして有益なツールに資することが出来るのではないかとの思いからです。

週に二人のペースでのインタビューに立ち会い、お話しをお聞きしていて、改めて良き仕事をしているトップに共通していることは、スタート時に「人に恵まれていた」ということでした。「人に恵まれる」とは、事業推進のパートナーであったり、得意先の方であったり、人生の先輩であったり、本当に広い領域の全ての関係者とのベストマッチングと言えます。しかし、私自身が考えますに、この「恵まれる」状態というのは決して自然体で生まれるものではなく、自分自身の大いなる意識と努力の賜物と理解しております。

企業の使命に継続性という考えがあり、刻一刻が真剣勝負の毎日が続くなかで、**自分一人の力には限界が**あります。他の知遇やら支持を得て、難局に立向うからこそ乗り越えられそうもないバリアも「よもや」が「ようやく」になることだと思います。

第八話　№.08　2006.06「起業アドバイザー便り」より

積極的に人との交わりをもち、**人を得るには己れ次第と、誰に対しても誠意ある態度で臨むこと**が大切で、そのことにより築かれる「信用」「信頼」に継がっていく因縁果は、結局は事業の成果を左右するものと改めて気付かされました。

【参考】

二〇〇六年六月十一日の日本経済新聞のTheチョイス欄の「同僚の起業応援しますか」の中に次のような記事がありました。

●同僚が今の職場を辞めて起業したいと言ったらどうするか。民間企業や官公庁に勤める二十一～三十歳の独身男女に尋ねたところ、実に九一％が「応援する」と答えた。
●国民生活金融公庫（現・日本政策金融公庫）の調べでは、二〇〇五年度に女性や若者、五十五歳以上の高齢者が起業目的の融資を受けた件数は約一万一千件。前年比六四％増で過去最高を記録した。中でも女性企業家は半数を占め、約五千六百件、融資の合計額は二百九十七億円に上る。独立・起業を考える層が広がっているようだ。
●帝国データバンクの調べによると、二〇〇五年度の一年間、七百四社が会社設立から五年未満で倒産している。ほとんどが販売不振や放漫経営といった経営計画の失敗が主因。

以上、参考までに転載いたしました。

あなたの算用・始末・才覚

この章は、これから起業しようとする方が「起業前に自らが確認する事柄」のチェックポイントを記してまいりました。いわゆるスタート前の自己点検・ウォーミングアップのようなものです。現在、世の中に起業や経営に関する書籍が驚く程たくさん、出版されています。私自身の従来からのこれらの本に対する認識は「どんな本にも必ず自分にとって有益な項目や一行はある」というスタンスです。しかし、起業する、経営するという人にとって、単に本を読むことで足る知識を外から注入するだけでなく、それ以前に次のような大切な事柄を十二分に頭とからだで理解しておくべき必須事項についてふれ、この章の締めとして明記いたします。

江戸時代、商都であった大阪での上方商人は「儲けること」が至上との商人道を徹底して、丁稚、手代というプロセスの中で、からだで覚えることを要求されてきたと言われます。その基となるのが**「算用」「始末」「才覚」の三項目**です。

【算用】

一．物事の損得に鋭敏に反応する能力。

二．商いをするにしっかりした根本を押えた思考で臨む姿勢。

第九話

No.10　2006.08　「起業アドバイザー便り」より

三．ソロバンに合う、合わないを計算しながら事業、商売を進めること。

【始末】

一．物事の始めと終わり。始めから終わりまでの細かい事情、または成り行き。

二．物事のしめくくりをつけること。後片付けをすること。処理。

三．浪費をしないように気をつけること。

【才覚】

一．すばやく頭を働かせて物事に対応する能力。知恵の働き。機転。

二．工夫《くふう》すること。また、すばやく頭を働かせて物事を処理すること。

三．学問の力。学識。才学。

（一部国語辞書による）

これらの三項目を纏めてみますと、順序からしてまず「**利益をしっかり得ること**」、次に「**倹約しつつ、必要なカネは惜しみなく使うこと**」、終りに「**先を見て頭を十分働かせること**」が求められると言えると思います。皆さんはこれらをより深く正しく理解するため、ご自身で改めてこの三項目について、辞書や書籍を引用してみる、メンター（指導者・助言者）をはじめ先輩や年長者から話しを聞く、その他、ご自身の努力でより見聞を広めることで自分自身の考えとしてみて下さい。筆者が本音として申したいことは、皆さんが本来持ち得ている才能の中に、少なからずこれら三項目を理解し得る起業家としての芽吹きの有る無しが、事業の成功か失敗かのターニングポイントの気がいたします。是非、自問自答をお薦めします。

どこに「信用」を積むか

これからは経営実務の初期に留意しておくべき事柄に触れてまいります。

自らの力での創業したては、何もかも「無い無い尽し」です。あるのは「ヤル気」と「若さ」だけと自負して、ガムシャラに頭もからだもフル回転の毎日が続きます。慌しく、かつ夢中の中に一日、一週間、一カ月と矢のように時が過ぎて行きます。紆余曲折などを経て、ふと気がつくと半年、一年はアッという間のことに思えます。

こうして仕事に追われてアタフタしていても、確実に歳月は刻まれて行きます。日常的に仕事を処理すること、売上の入金、諸経費の支払い、クライアントとのスキンシップなどやるべきことは枚挙に暇《いとま》がない有様です。このようにいわゆる仕事に「追われ、流され、忙殺され」の日々であっても決して忘れてはならないことは、**「信用を積む毎日でありたい」**とする心掛けと行動です。

創業仕立てはそれほど考えも及ばないことですが、三年程経過して次のステップに進もうとするとき、自社の「信用」の度合いを否応無く自覚させられることになります。

過ぎ去った歳月の中でクライアントから、ビジネスブレーンから、金融機関から、仲間から、相談相手など本当に沢山の関係先から、たった二文字の「信用」というものの大切さを、この間

第十話

№11　2006.09「起業アドバイザー便り」より

にいかに対応して積んで来たのかを問われることになります。企業に、あなた個人にも信用なくして何ら始まりません。ですから、**企業の信用の有無**が、自社をもうワンランク上のステージにランクアップさせるか否かのキーポイントなのです。

では、「信用」はどうすれば積むことが出来るのか？　の答えのひとつには「物事における約束を守る、果たす」ことにあると思います。なんだそんな簡単なことかと思うかも知れませんが、先ほどの「追われ、流され、忙殺され」ている毎日では、心ならずも約束を破る結果になってしまいます。ですから**「約束を守る、果たす」**ことの重要さは何よりも優先課題として対処するようにしたいものです。これにより、企業間、プライベートにおいての信頼が高まり、一度だけでなく多少の時間と度合いを経て「信用」に継がるのだ思います。

とくに金融機関との「信用」を積むには時間と手間がかかります。逆に金融機関を味方に付けて、智恵も資金も活用できる自社にするぞとの意気込みを持ちたいものです。

「管理をしていく」ことの意味と重要度

今回より経営実務の初期の留意点についてふれてまいります。

よくあの人は営業肌とか、技術肌などと言われ、起業の道筋は自分の得意技で勝負することになります。起業のスタート時はそれこそ昼夜を問わず、寝食を忘れてガムシャラに知恵と体力を酷使する毎日が続きます。脱サラ後、求人広告代理店を二十年経営している、ある人の話しでは、起業の一年目は一年間は無休で仕事をし、その年長男が生まれたので、その日一日だけは休み、あとは三百六十四日、全出勤したとのことでした。事実、起業して、ひと息入れられるまでの数年間は全く仕事一途の日々だったとなつかしそうに話しておられました。このような毎日を過ごしていて怠りがちになり、後始末に後日大きなエネルギーを使う破目になる「管理」についての留意点をお話しいたします。この「管理」は営業力を発揮して売上を伸ばす、技術力を向上させて経営を安定させるなどと同等視すべきことで、決して軽んずるものではありません。例えば「お金の管理」のみだけでも次のようにたくさんの留意点があります。

一・売掛金の管理　金繰りは企業経営の生命線ですから最も重要です。原則はしっかり売上げて、すみやかに確実に回収することにあります。仕事を受注する際に、契約書の取り交し、発注書や注文書を受領する、納品の折の書類、特に物品受領書を受け取り保管する、など基本的なことを

第十一話

No.12　2006.10　「起業アドバイザー便り」より

大切にしたいものです。よくあることですが、売掛金がもらえず、やむなく債権回収の裁判になった場合には、相手方に対する売掛金の存在の実証にたくさんの手間をかけたり、泣かされることになります。

二．日常的な入出金の管理　日常業務に追いまくられて、現金の管理が粗雑になったり、出納帳の残高との相違が発生することがよくあります。これも原則になりますが、現金を出金する折は必ず現金出金伝票を記入してから、領収証はすみやかに伝票に添付しておくようにしたいものです。社長と言えども一円の出金もこのセオリーを踏襲しなければできないような管理システムを確立しておきたいものです。いわゆる「勘定合って銭足らず」や「ドンブリ勘定」であっては必ずやその安易さから苦しい金繰りに遭遇することになります。小さな金銭のヤリクリを疎かにすると、次に大きな金銭のヤリクリに悩まされることになります。

三．経理事務員の管理　初期は社長が片手間で、一．二．の管理をやれないことはありませんが、経営が多少とも軌道に乗り、次のステップの組織づくりを考えたとき、経理事務員には大いに神経を使う必要があります。

最近、業歴の長い中堅メーカーが、会社整理をせざるを得ない結果になりました。業績はソコソコでしたが経理担当者の永年の不正行為で、結果として破綻しました。経営の責任は言うまでもなく経営者自身にありますが、経理担当者の不正を見抜けなかったことに原因があります。経理社員の採用に際しては、事前に十分な時間をかけて調査機関に依頼したり、また自社としても当事者の履歴書、職務経歴書を「正しいもの」とせずしっかり確認すること。身元保証人の筋や保証能力なども同様です。

諸規程の導入はより慎重に

奮闘努力の結果、多少とも事業が軌道に乗り、社員を雇用し組織的に会社運営をしていこうとするときに、諸規程の導入が必要になります。リクルート活動においても、社会的にみて事業会社として認めてもらうためにも、**就業規則、退職金規程、社保・厚生などの手続き、その他諸々の届出**に手を煩わされます。

これらの諸規程を整備しようとするときに、アバウト感覚で安易な取り組みをすると、後日、大きな禍根を残すことになりますので、より慎重な対応が求められます。それは他社の例をそのまま丸写しにしたり、PCから諸規程のフォーマットをダウンロードしたりして自社の規程を安易に作成してしまうときに発生することがあります。

言うまでもなく、会社ルールを作ることとしての諸規程の整備は、何事も自分の企業の実態に即し、合致したものでなければならないことが大前提です。未だヨチヨチ歩きの子供に、大人の衣服を着せるような大企業の諸規程をそのまま導入する愚とリスクは避けねばなりません。

私の味わったひとつの失敗例としてお話ししますと、退職金規程で、自己都合の場合の退職金と会社都合の支給金額が区分されておらず、区分されていても勤続五年の退職者に予想以上の退職金の支給をしたり、不祥事での退職者に対してのペナルティ事項がないため規程通りの支給を

第十二話

No.13　2006.11　「起業アドバイザー便り」より

せざるを得なかったなど、導入時にしっかりシミュレーションをしていなかったために、後日、月謝の高さに泣かされた経験は今でも忘れません。

そのためには、自分の経営を十分理解してくれ、中小企業の実態を踏まえて、何事も企業サイドになって、アドバイスや処理をしてもらえる、実務経験を十年以上積んだ、見識をもった**プロの社会保険労務士を確保**したいものです。

最近では、単に社会保険業務だけでなく、経営コンサルのポジションまで適切なアドバイス、指導をする実力派の士業の方も散見されるようになりました。

このように良き外部のブレーンを身近に置くことも、**事業の発展**のために大切なことだと思います。事業活動にはスピードは必要ですが、**諸規程の整備は、より慎重に**確実に対処して下さるように留意したいものです。

ルールと規律と企業文化

前回は、諸規程の整備は、より慎重に、確実に対処することが肝心とお伝えいたしました。それは諸規程を明文化することにより、会社規範とするルールを確立し、業務運営のスムーズ化を図ること、また企業倫理に基づく企業スタンスを社会に示し、信頼と良好な企業イメージを確立することなどを目標としています。

起業して、多少なりとも業歴が積み重なり、業容が拡大してくれば、当然の如く社内のルールづくりが必要になります。これは前回の諸規程の整備のように法律的に要求されるものではなく、企業サイドで自主的に取り決めて作りあげていく事柄です。

過去にこんな経験がありました。

創業七~八年の頃、就業規則の業務時間は朝八時四十五分~夕方五時としていたとき、管理職の一人が、毎日夜八時~九時位まで業務をしているので、自分たちの部署は朝の出勤時間を一時間程遅くして欲しいと申し出てきました。私は個々の事情を安易に理解して、それを許してしまえば他の部署もそれに倣うであろうと考え、、全社的に業務内容をもっと厳密に詰めて、なるべく夜の作業時間を減らすように率先していきました。もちろん、私自身、従来も朝早くから夜遅くまで仕事をする姿勢でしたので、自分が自らの職責を怠り、社長だから、特別な存在だからと、

第十三話　№14　2006.12「起業アドバイザー便り」より

遅い出勤や早退をやっていて、社員に範を示すことが出来ていなければ、その申し出を認めざるを得ず、正論を言えなかったと思います。

また、全社員が出社直後に、自分たちの職場は自分たちできれいにしようと清掃作業をルール化いたしました。この作業は現在も継続されていますが、社員が清掃作業をしている手際の善し悪しの行動や気配りを見て、仕事の出来る人とそうでない人の差は、ほとんどこれは比例していると今でも確信しています。ですから、社員の試用期間中の清掃当番は、なるべくトイレ清掃を担当させてみたら、社員として必要視される性格、能力、順応性、協調性がわかると思います。

では、**企業文化は誰が作るのか**を考えたとき、初期においての**中小・零細企業は全てリーダーたる社長が作る**のだと断言いたします。

社内外において、社長の自分に厳しく、易き妥協をせず、業務指示が適格なリーダーの職責たる「読み、踏み、決め」に全精力を傾けて業務に邁進する社長の姿により、初めて社内に規律が生まれるのです。また、社長の人格、人生観、社会観を含めたこれらの継続と、さまざまな企業が社会との接触の中で生まれる「企業の有様」が、企業文化として認識され、それが正しく好ましくあれば社会に受け入れられるものとなるのです。

どんなことによっても、**社長という存在が標題のルールと規律と企業文化の構成要因の要である**ことは、間違いがないことだと思っています。

コスト意識

コスト（Cost／原価、費用）とは、誰でもビジネスを進めていくうえにおいて、当然かかる費用のことだと理解されていることだと思います。

まず原価にふれますと、昨今の厳しい経営環境での営業活動において、売上−原価＝粗利益の算式において、なかなか収益増は望めないのですから、当然、原価をいかに低くコントロールするかに知恵を絞ることが求められます。

昔から**「利は元に在り」**と言われ、いかに仕入れが大切かを説いています。ですが、仕入先といえども販売価格が原価割れしたら、自社の企業活動の継続が出来なくなるわけですから、そう簡単に先方の要求に応じるわけには行きません。

当事者のビジネスマインドとコスト意識の有る無しが、企業収益を左右するのです。営業員のコスト意識が徹底されていないで、上司や会社の管理が杜撰だと、後々、調べてみて、売上＜原価（売上額より仕入額の方が多い）などが発見され、収益どころか会社を危うくする事例があったりします。

一方、違う視点で見て、管理部門のコスト（ここでは費用）は、これに参画する社員の意識で、かなりの範囲で膨らんだり縮ったりするものです。会社の経費で一般管理費の項目で旅費交通費、

第十四話

№.15　2007.01　「起業アドバイザー便り」より

通信費、消耗品費、事務用品費、水道光熱費、リース料、雑費などは、社員一人ひとりのコスト意識が有効に活かされていれば、端的に言って会社の規模にもよりますが**月間二〇～三〇％のコストダウンは可能**だと思います。

細かく言うとするならば、使わない部屋の電灯や空調をどうするか、営業外務員におけるスピードと交通費用を考えての交通アクセスの決定を指導、遠距離の得意先との通信は何でも電話でなくメールやファクスを使うなど、管理コストに対し、常に費用対効果を関係者全員が理解と意識をすれば必ずや目的は達せられます。会社がまだ小さなときにこそ、トップが強力なリーダーシップを発揮してこれを徹底させていくことが大切です。

これまでの経験からして、大企業を経て中小企業に転籍した人は、老若を問わず概ねコスト意識が薄いと感じています。ですから大企業をスピンアウトして起業した、またこれから起業しようとする人はこの**コスト意識を持ち**、自らも、会社でも徹底させられるかを自問自答してみて下さい。

リスク管理

実際に会社を経営してみると、日々、さまざまな事象（出来事）が発生します。それこそ企業にとって良いこと、悪しきことが間断なく押し寄せてきます。実務書を読んで知り得る知識など、及びもつかないほど、営業的、資金的、対外的、社内的など、本当に数え切れない程のありとあらゆることに神経を使い、疲労させられます。

言うまでもなく、事象として発生してしまったリスクの後始末のためのエネルギーを考えれば、何とか事前にそれを避ける､軽くするというリスク管理に知恵を巡らせることが肝心です。しかし、経験が浅く、未だ足許も固められない起業仕立てや、創業二～三年位の企業では、その余裕がないことは当然です。

しかも、リスクを事前に察知し、手を打つことは、なかなか容易ではありません。ですから何か企業にとってマイナスな事態が発生したら、これらを乗り越えるための、素早く、適格なアドバイスをもらえる相談相手の存在の有無がポイントになります。

ここで留意しなければならないことは、一人の適格な相談相手が、全ての事柄に明るい訳ではありません。前記の通り、営業的なこと、資金的なこと、不動産関係、対外的交渉ごと、社内労務etc.、大雑把に言っても四～五人の専門的知識をもつ相談相手のいることが望ましいと思います。

第十五話

№16　2007.02　「起業アドバイザー便り」より

企業経営を進めていくうえで、**決して避けられないリスクをどのように認識するか**、企業の規模に比例するこれらのリスクについて、日頃から仮説を立てて、このような場合は誰に相談すべきかの方策なり道しるべを持っている必要があります。

それに、日頃から先輩や仲間との交流の中で、成功談よりも失敗談に注意深く耳を傾け、世の中には本当にさまざまなリスクがあることを認識しておくことが賢者のたしなみです。かつて「日経ビジネス」誌に「敗軍の将　兵を語る」との記事があり、他の失敗より、多くを学ぶことで大変好評だったと記憶しています。

私自身を反省してみても、何か決断し行動を起こして、その結果リスクを背負ったとき、後々のリカバリーに費やすエネルギーと時間が、いかに大きな負担となっていて、もっと**事前に適切に相談出来る人**がいて、**良きアドバイス**をいただいていたならば、もっと現在の企業の在り方が、負担の少ないものになっていたであろうと思うことがあります。

組織で仕事をしていく

創業して事業を軌道に乗せるまでは、トップの人並み以上の情熱と努力の日々が続きます。それは単なる行為ではなく、ときには一種狂気の爆発に似たエネルギーの成せる術《ワザ》の結果だと思われることがあります。一説に成功者は「執念と狂気の所持者」と言われる所以です。

昔から「企業は人なり」と言われて来ていますが、中小・零細企業での場合では突き詰めていけばこれはトップの有り様《よう》なのだと思います。

企業経営において、さまざまなリスクが発生し、その克服が企業の発展と企業生命の命運を決めることは言うまでもありません。しかし、これらの決断、実行をトップが全ての権限で一人で行なうことが多いことは、経験上知り得ることですが、他方、これは大変リスキーな状態であると言えます。

中小・零細企業のスタート五年程は、これは致し方ないと思われますが、あえて私の経験からいえば、極力ブレーンやパートナーを初めから巻き込んで事業を進めていくべきだと思います。

たとえば、対外的な交渉事は企業が成長発展するとともにそれに比例して増えてきます。そのようなときに、トップ自らがいつもその交渉の窓口で初めからテーブルに着いているのであれば、それらの結果は決して良い結果を生まないことでしょう。

第十六話　№17　2007.03　「起業アドバイザー便り」より

交渉ごとは正に「駆け引き」です。最終決定権を持つトップは最後の最後まで姿を見せないで、何事も短期決戦の勝負は持久戦に代えていくような交渉術も、時には大切です。

そのためには、自分がブレーンと認めるナンバー2《ツー》や3《スリー》の人を交渉窓口にしたり、外部ブレーンなどの協力と指導を受けながらの問題解決策も併せて持つべきだと思います。

「何事も自分で」と思う気持ちを**「何事も組織力で」との思い**を、極力、創業の早い時期より企業の対外交渉の場において習慣にしていくべきと思います。

企業活動は、先が長い駅伝競争みたいなものですから、いつもいつもトップだけで完走できると思っていては、イザというときに疲れ果てては、自分も会社も長続きは果たせないのです。

働き、仕事をしていく意味

「経営者は孤独だ」と言われます。これまで決断を迫られたときに、どうすればベターなのかの留意点を記してまいりました。**良き相談相手は、貴重な存在**です。

でも大抵の人は、ただ目標に向かって、ガムシャラに事を進めていく緊張の毎日の中で、押し潰されて、ふっと、隙間風みたいなものを感じて自身がわからなくなるときがあったりします。**独立して起業した意味合い**、事業の将来の不安、事業パートナーや社員への責任など、自分に自信や充実感が欠けているときほど臆するものです。

最近読んだ講談社刊、宮内亮治著『堀江と私とライブドア「虚構」』の中で、同氏は次のように書いています。

> なぜライブドアで働いてきたのだろうか、何が私を拘置所に送り込んだのか、自分は何のために働いているのだろう……。
> なかなか結論の出る話ではない。だが、時間一杯、考え込んでいると自分の

第十七話

№18　2007.04 「起業アドバイザー便り」より

気持ちがすっきりしてくる。そして、ひとつだけわかったのは、「自分は必要とされることを求める人間だ」ということだ。

たくさんおカネを稼いでいい思いをしようとか、早くリタイアして遊ぼうとか、ビジネスにはいろんな動機があると思うのだが、私は、正直に言って、カネや遊びにはそれほど心が動かされない。それより、ビジネスに居場所を見つけ、仲間とともに一体感を持って、楽しく働くのが一番好きなのである。それも私を求める人とともに。

同氏としては、自分はビジネスの楽しさ、意味合いは、そのビジネスのフィールドの上で必要とされることを求め、自分を必要と求める人とともに活躍したい。それが生きがいだと明確にしております。

十年間ライブドア社と苦楽をともにし、現在、堀江元社長との距離を置き、冷静に自身を見つめ直している同氏の、偽らざる心境で、改めて我が身、我が心に向いて、多いに同感する昨今です。

起業は体力、気力とも充実しているとき「鉄は熱いうちに」がスタートの基本

はるか以前、私のサラリーマン時代に記憶している話です。

一年先輩で、モスバーガー社の創業メンバーの故Y氏との証券セールス同行の道すがらの話しです。

「俺たち人間は何といっても平等だよね。一日は二十四時間だし、一年は三百六十五日。人生は生病老死、そして最後は土に還る…」。ともに二十代の若者の会話です。

あれから四十年ほど経って、こうして年齢を重ねてみて、今ほど時間という平等さに気づかされ、残された時間を意識させられることはありません。

昨今、マスコミで団塊の世代が定年でリタイアした後の、さまざまな生き方、人生の過ごし方が紹介されています。

その中のひとつの就農の例で、野菜農家として成功するためのポイントにふれています。

一．まず体力（農作業は重労働）
二．研修、技術の修得（農業を始めるには信頼のおける農家での研修を最低一年間受ける）
三．土づくり三年、経営の安定に十年

このように就農というカタチでも全くの素人が事を進めていくには、やはり一般的な起業と同じで、必要不可欠な要素は大同小異なのだと知らされます。そして就農も含め新たなアクションを興していく上での**キーワードは「時間」**で、なにごとも有限だとの認識は大切にしてトライしていくべきと思いました。

起業するには体力、気力とも充実しているとき、即ち**「鉄は熱いうちに」がスタートの基本**だと改めて感じました。

【ご参考】

起業予定の方、起業したての人にお奨めしたい書籍があります。

「リクルートのＤＮＡ」－起業家精神とは何か－　江副　浩正　著

角川ｏｎｅテーマ21刊　六八六円（税別）

二度ほど読み返し、私自身が二十代の起業仕立ての頃に、この本を読んでいたなら、もっと私自身も会社も、多少ともより違う形になっていたのではないかと思っております。

決算書は通信簿

多くの企業は、三月末日が決算月となっています。

当該の一カ年の事業活動の結果を数字に置き換えて報告する**決算書は、いわば企業の通信簿**と言えます。また税務申告は二カ月後の五月末です。上場会社であれば、これらを含めた事業活動の報告やら承認のため、六月中に株主総会が開かれます。決算書は、どのような企業でも、株主がいて、金融機関からの借入金があれば関係先に提出され、**企業と事業責任者としての社長自身の評価**を下されます。

決算書としての貸借対照表（B／S）は事業がスタートしてからの積年の資産、負債と自己資本の累計を表わしています。このB／Sを見れば、経営者が起業して以来、どのような考え、姿勢で事業経営をしてきたかが表現されていることがわかります。いわば資産の形、それを調達した負債の形、この期間内で蓄積されてきた自己資本の厚みなどがポイントです。

一方、損益計算書（P／L）は一カ年の事業活動の収支について表現されています。営業活動での売上の形、営業利益、経常利益、営業外収支、純利益などがあります。

B／S、P／Lとも、これら提示された数字が正しいことを前提にして、企業の評価が成され、赤字決算ともなれば、金融機関に詳しく原因と対策の説明を求められ、現在の借入に対する処置

第十九話

№.20　2007.06　「起業アドバイザー便り」より

に言及されます。

もちろん黒字企業であれば問題はないでしょうが、赤字を発生させてしまうと、対応がより厳しく、とかく事業活動に支障を来す結果を生むことになります。

借入金についても、たとえ担保があろうが、金融機関の姿勢は代物弁済は最後の手段だと考えていますし、会社としての担保とは金融機関から良い条件で借入ができるためのものなのだと、考え方を改めていくことが大切です。

「黒字企業」「赤字企業」のポジションは本当に天と地の差との認識をいつも自覚しておく必要があります。

社長の死と企業生命

ある雑誌の記事に「ベンチャーとは個人や小組織の創意によるチャンスとリスクへの挑戦であるのであるから、金融機関や地方自治体がベンチャーキャピタルを作ったりしてベンチャー企業を育成するという発想自体が矛盾だ」とありました。私の記憶では、ここ十年前後になると思いますが、創業時より他人資本を入れての起業が、かなり当然視されるようになったと思います。そして創業数年の株式上場（ＩＰＯ）など、最近では驚くこともない事柄です。これらをさかのぼること一九四七年（昭和四十七年）にＮ社は創業されました。企業における機密文書やデータの保管と抹消サービスという新しい分野のビジネスモデルを構築し、今日では業界において揺るぎないポジションを確立しています。同社は、去る五月に、起業以来、代表取締役社長の座にあったＨ氏から、創業三十五年を機に会長に就任する旨の挨拶状をいただきました。七月に入り、彼が五月十六日、六十歳で永眠し「お別れの会」を六月末に執り行なう通知がまいりました。永年のお付き合いを通して、Ｈ氏は自らの資金と知恵と創意で、企業の発展に全身全霊で臨んできたことを知っております。しかも安易に株式上場（ＩＰＯ）をするとか、ベンチャー経営者として講演を頼まれても、決して表に立つこともなく本業に精励しておりました。正に正統派的ベンチャー経営者の一人だと敬意をもって接してまいりました。しかし、誰しも病を避けることは出

第二十話

№.21　2007.07　「起業アドバイザー便り」より

来ません。十年程前より多発性骨髄腫という難病と診断され、闘病生活の中でも会社の陣頭指揮をしてまいりました。お別れの会に出席し、会長就任の挨拶状を出す行為は、自分の生を望めない覚悟と、企業の今後を考えてのことだと私には理解されました。また、生み育てた企業の今後を周囲に理解と支援を仰ぐための最後の行為と目頭が熱くなりました。ここ数年、親しくしていた異色ともいうべきベンチャー精神に富む社長である友人を数人亡くしました。皆、病を得てのことでした。私自身も、六月末に夫婦で大変重い食中毒になり、約三週間ほど苦しみました。発病した時期、大げさでなく生死の際を彷徨《さまよ》う中で、意外に人の生死は簡単に分けられてしまうものだと思ったりしておりました。企業のリスク、自分のリスクのなかに〝病〟があること、**社長であるあなたの命が、ある日突然断たれても、企業生命が持続出来るか**を心から理解しておく必要があることを皆さんに強く訴えておきたいと思います。

【ご参考】　新刊のご紹介

「小さな会社の社長のための問題解決マニュアル」

著者　福島　正伸　　ＰＨＰ研究所刊

昔から考え及ぶに、経営に関する諸問題を解決するマニュアルを作るとするならば、その膨大なボリュームになんとも難しいことだと思っておりました。そこに今回アントレプレナーとしてご自身も企業経営者とし、また、数多くの著書もある福島正伸氏が小さな会社の社長向けに解説書を出版いたしました。

大変わかりやすく諸問題を区分して、より具体的な事例よりアドバイスをしています。

安易な選択肢をとらない

私はこれまで本当に数多くの失敗を繰り返してきました。その都度、自分の決断の折の、詰めの甘さや、判断した結果の悪影響に身が縮む思いをしてきました。こうしてそれらをかろうじて克服して今を迎えてみて、改めて決断することの難しさ、正しい判断を下す大切さをより一層感じずにはおられません。

事業を推進し、組織を纏めて事業活動をしていけば、いつか必ずや大きな岐路に立たされ、最高責任者として選択肢の決定を迫られる局面に遭遇します。そのときこそ本当に用心深く、しっかり周囲から情報を集めて、今後の事業、会社の将来のための決断をすることになります。

ここで大切なことは、たとえば、すぐ手が届き、すぐ良い結果を得られるような方法、つまり比較的楽に成果を得られるような、**安易な途を選んだ場合には、結果的にはうまく行かないことが多い**ということです。この場合、これは経験からですが、風向き（環境）が変化したときは一挙に業績に悪影響が出ることになります。他方、時間と労力そして自身の体力、気力をかなり使うことになる難しいと思われる途を選んでいくと、結果的に環境に左右されない根のしっかり張った事業として成果が得られることが多いのです。

どのような選択肢を選んだにしても、忘れていけないことは、物事の出口（EXIT）を必ず考え

第二十一話

№23　2007.09「起業アドバイザー便り」より

てから、事にあたらねばならないということです。

もうひとつ言えることは、自分が体力、気力が衰えているとき、たとえば病気やケガで入院しているという状況下では、社の命運を左右するような重要な物事の決断は、極力避けていかねばならないことです。身近な経営者が病気入院中に、第三者より持ち込まれた異業種のM＆Aに関して行なった決断が、結果としては、本業が堅実だった企業をも倒産に追い込んだ例を実際に見聞きしています。

話は違いますが、この十月より、本社にてaki-kan「不動産よろず相談室」が開設されます。私も含め三人のプロコンサルタントが相談に応じる体制がスタートします。これまで、私がコンサルを進めるうえで、最も重要視し、努めていることは**「もの（事象）の判断に確固たる裏づけ」を持つ**ということでした。今後もaki-kan「不動産よろず相談室」での私のコンサル姿勢は、全く同じスタンスで進めていきます。永年の事業経営の実践と、コンサル活動を通して会得した、さまざまな事案を裏付けとして、相談依頼者に対応していきたいと思います。

先にふれましたが、これら「確固たる裏づけ」の源泉は、数多くの失敗とこれらを克服してきたさまざまな経験と思索がベースとなっているのです。

死の谷

起業して、幸いなことに自他ともに成功したと認められる企業は、一説に千社のうち三社程度と言われてます。しかし、だからといって、一時的に成功したとしても、その事業の将来が万全と約束されたものでないことは、現代の技術やサービスの変化の激しい時代では当然のことです。

自分たちのビジネスモデルとしてのサービスや、よって立つ技術を信じて事業をスタートさせたとしても、それが実用化されビジネスとして確立し、収益を生むまでは、遠い道程があります。しかし、数の中には、誠に僥倖というべきか、スタートから短期間で収益が付いてくるビジネスがあることも事実です。

でもそれは全く稀《まれ》で、ほとんどの企業は技術がビジネスに結びつくまでには、自分たちの予想を越えた時間を要するものです。その期間は、**サービスや技術は収益に結びつかず、日々経費のみ発生**させてしまいます。このような状態は「死の谷」(The Valley of Death) と呼ばれています。そして結果として資金が底を尽きてしまい、起業の失敗の典型的な事例の大多数としてカウントされてしまうわけです。

ではそのような状態を招かないためにはどうすればよいのでしょうか。

資金を潤沢に用意するなど叶わぬ夢の話しですが、いくつかの知恵は必要でしょう。

第二十二話　№.24　2007.10「起業アドバイザー便り」より

ひとつに自分たちのサービスや技術に対し、**自信は持っても過信しないこと。謙虚に用心深く事を進めていく気構え**が大切と思います。

プロ野球巨人の川上元監督は「野球人として、技術と人間の人格は一体不可分だ」と記していました。技術と人格は切り離さないで両方大切だということだと思います。

また、全力で取り組むことは重要ですが、一点集中で全資金を投入するような愚は避けたいものです。私に言わせれば、そもそも起業体力（資金＋技術力＋情熱）が劣る人に、技術開発型企業をスタートさせることは勧めたくはありません。否、起業すべきでないと思います。

先日、創業十年目の女性経営者との面談の中で、その方がおっしゃることは、「女性の適性としてサービス業での展開を一途にやる。また借金をしてまでもやらない。」とのことでした。

このような厳しい優勝劣敗の世の中では、細やかな気配りや身軽なスタンスがなければとうていやっていけないと言っていました。

過信や功を焦るが故の失敗は、千社のうち、相当数、存在しているのだと実感します。

問題意識と情報収集

大手電力工事会社の理事をしているA氏が知人の紹介で訪ねてまいりました。

「このたび新規事業の立ち上げの重責を担うことになり、そのシーズ（種）になるべき全般的な話をしてほしい」とのことで部下二名の方とともに来社されました。

概ね二時間余りの間に、次のような点をお話ししました。

一．事業の成立要因
・市場調査　市場の規模と展望
（マーケッティング）事業構造の把握
　類似事業モデルの研究
　技術、ノウハウ（得意ワザ）
・経営力　情報収集力
　人間力　人脈、統率力、魅力
　計数管理と投下資本
・意識と体力　継続

二．新規事業の立ち上げの大前提

第二十三話　№25　2007.11「起業アドバイザー便り」より

・見極める　市場（マーケット）の適正規模、ニッチ（隙間）
　　　　　　取組む事業内容の精査
　　　　　　全方位のリスク検討
・価値ある情報収集　情報は人が持っている

後日、次のような御礼の手紙が届きました。お役に立てたようで幸いでした。

前略　先日は大変ご多忙中のところ貴重な時間を頂き誠に有難う御座いました。長年積み重ねられたご経験に基づき、起業や経営の基本についてのご意見を伺い、企業の中の一組織人として、**如何に問題意識なく過ごして来たか、そしてその問題意識が希薄なる故に日頃の情報収集を怠って来たか**を痛感させられました。新規事業立上げという重責を受けましたが、事業の何たるかも理解していない事を恥ずかしくさえ思いました。新規事業とは、本体の周辺に派生するもの、又は時流に乗ったハイリスクなものといった概念はもっていましたが、簡単に事業化できるものは非常に少ない事を実感しております。今回の貴重なご意見を参考とさせて頂き、会社の意図する所を出来るだけ加味した事業の構築に励むつもりで御座います。

また、此の度は貴重な起業、経営のノウハウとも言うべき「起業アドバイザー便り」を拝読させて頂き誠に有難う御座いました。経済状況の変遷の折に、起業家を生み、育てようとする高邁な精神にまったく感心させられました。今後の業務におけるバイブルとさせて頂きます。先ずは御礼まで。草々

（太字は筆者の注記）

人脈づくり

ビジネスを展開する上で、大きなファクター（要因）となるものに「人脈」があります。一説に人脈はパーソナルキャピタル（自分資産）の極みだといわれる所以です。

言うまでもなく、ビジネスにおいて好調で攻めるとき（ポジティブ）、また逆境に陥り、守りの姿勢のとき（ネガティブ）など、自身の知恵や経験だけでは、到底、対処出来ないことが起きます。そのような時に電話一本で相談出来る、頼れる人が存在するか否かは、本当に心丈夫で大切なことです。

古い話しですが、アメリカの鉄鋼王のカーネギーは学歴のない自分をフォローしてくれる人脈づくりに腐心して、常に電話一本で相談相手に事を伝える体勢を整えていたと言われています。もちろん、そのための資金も心配りも万全を期していたことでしょう。彼も初めから人脈を持っていたわけではなく、周到な準備を、常日頃から心掛けていたと思います。人脈は一朝一夕で出来るものでないことは明白な事実です。

しかし若くして起業したあなたは、毎日が無我夢中です。なかなか先行きに光明が見出せないことも事実です。人脈づくりの資金も時間も及びつかないことでしょう。

しかし、ここで**人脈づくりの秘訣**のひとつを紹介しますと、**「先ず自ら汗を流す」こと**だと思い

第二十四話　№26　2007.12「起業アドバイザー便り」より

ます。そのために仕掛け（工夫された仕組み）が必要です。仕事で日常的にさまざまな人たち（友人、先輩、識者）に折衝がありますが、その中で、この人と常に接点をもち指導してもらいたいと思ったり、また、本を読んで著者の発想や、見識に感動を覚え、いろいろ勉強してみたいと思ったら、まずご本人にアプローチをします。

そのアプローチしたキーマンに対し、自分は世話人（私の意識では下足番）となり、「勉強会をやりたいので友人を集めますからご指導頂きたい」と申し入れます。ＯＫであれば、あとは熱意と誠意と努力がキーポイトです。先生やご指導頂く方にどのように認めてもらえるか、毎日、からだも頭脳も汗をかく。その継続が大切です。もちろん日常の仕事を疎かにしては何のための努力なのかと本末転倒になってしまいます。こうして一人のキーマンに認めて信頼を勝ち得たら、その人脈を上下左右に拡大していけば良いのです。

このような人脈づくりの一例ですが、底の深い話しですので、軽々しく自分は「人脈がすごい」とか「人脈が豊富」などの言葉を他に誇示すべきことではないと思います。昔から「金の切れ目が縁の切れ目」などと、所詮、人間関係は信頼と情実をベースにしていなければ無意味なことだと思っています。**ビジネスだけでなく「人生の達人や名人」に教えを乞うことも自分自身の人間形成に大切なこと**だと思います。

正確な人名簿でなければ役立たない

前月号にて初歩的な人脈づくりの話しをしました。ビジネス上での人間関係の基本は、良好なコミュニケーションが成されているか否かですが、そのことをもっと掘り下げていけば相互の間に信頼関係が構築されているかが重要なことです。

新年になり年賀状や寒中見舞を投函したり、頂いたりしていて気になったことがありました。そこで人名簿のメンテナンスということでお話しいたします。

私が受け取った今年の年賀状などのうちの、おおよそ五分の一が、自宅住所が旧住所のままで郵便局より転送されてまいりました。

私は、昨年夏に自宅を転居し、当然のことですが転居通知を皆さんに発送いたしました。また、ここ五年以内に関係会社を合併させたりして社名変更をしてまいりました。その都度、その旨、書状にて通知してまいりましたが、旧社名で届けられたものも散見されました。このように人名簿のメンテナンスが出来ていないのが大方の実情だと思われました。

言うまでもなく**名簿のメンテナンスや整理**は、人間関係を維持、継続するためにはことのほか重要なことだと私は認識しています。

まず正確な住所、社名、肩書き、氏名にて書状をもって連絡していくことは、礼儀も含め差出

第二十五話　№27　2008.01「起業アドバイザー便り」より

人の性格を問われることになると認識して、自ら率先して取り組んでまいりました。

常日頃より正しい人名簿を手許に置くことを心掛けていかねば、折角のビジネスの武器が役立たなくなることは、大変残念なことだと思いますし、誤ったままの書状を受け取った人にとりましても、マイナス的な印象をされてしまう問題となります。

仕事をしていくうえ、人生を豊かにすることを含め、人間関係は重要ですが、またその良好な関係を維持していくことは意識して大切にしていきたいものです。

ビジネスを例えば戦争だとするならば、いざというときに役立たない武器では勝敗は目に見えていると言わざるを得ません。

私の知人の女性経営者で、パーティーなどで自分にとってバックアップして頂けそうな人と親しくなると、必ず誕生日をさりげなく聞く方がいます。後で納得しましたが、その方の誕生日には高価ではないけれど、心の籠ったプレゼントをバースデーカードを添えて贈っておりました。このような心づかいが人間関係を上質にするのだと痛く感心したことを思い浮かべます。

このように目に見えない基本的な事柄を、自然体で地道に対処していく姿勢が、ビジネスを成功に導くことを忘れないで欲しいものです。

研ぎ澄まして前兆を感じる心

昨年夏に弊社の創立三十五周年事業としての記念小冊子「私が起業を決意した日」の刊行の際に、原稿作成にあたりインタビューをお願いした方々に共通して感じたことは「起業前後に人に恵まれていた」との感謝の言葉があったことと、同じく「**物事を深く幅広く考えることによる直感**」を大切にしてきたとのふたつでした。

中国古典より引用しますが、『易経』に「**霜を履《ふ》みて堅氷《けんぴょう》至る**」とあります。（守屋　洋著『中国古典　今日の言葉三六五』ＰＨＰ刊）

即ち、秋が来て霜が下り、堅い氷の厳しい冬が真近かに感じられる。つまり、冬は、秋を飛び越えて急にやってくるわけではないのですから、その前に、霜が下りるという前兆があるわけで、霜が下りはじめたら、冬の仕度を急がなければならないということをここでは言っています。

私たちのビジネス社会でも、これと同じことが言えると思います。どんなトラブルでも、必ずその前ぶれとなるような、小さなトラブルがあります。ですから、**かすかな前兆でも、それを小事だと見過ごすことなく、ただちにその動きを察知して、いざというときに備えなければならない**ことは当然です。ここでとくにお伝えしたいことは、日常的にかすかな前兆を読み取るためには、自分自身がたえず神経をとぎすまし、緊張感をみなぎらせて仕事に当たらなければならない

第二十六話　№.28　2008.02「起業アドバイザー便り」より

ということです。霜が下りても、まだ冬の到来に気づかないような鈍感な人は起業などしても先が知れています。「霜を履みて堅氷至る」とは、それを警告した言葉なのです。

このことについて私の友人の事業経営者の例でお話しをさせていただきます。

友人は、永年、ほとんど毎晩朝三時頃に目覚めて、布団の中で、次のようなことを思索しているそうです。

①現在の仕掛りの仕事のプロセスに課題やリスクなど落度がないかのサーチ
②現業の周辺に新しいビジネスが考えられないかのアイデアとヒント探し
③その他諸々の事柄を幅広く、深く思いを馳せている

そして結果として、①は翌朝出社して部下とのミーティングで適確な指示を出し、②はメモ書きしてファイルしておき、落度がないかの再確認をしてみる。③については、依頼されたことに違約がないか、人より寄せられた信頼を損なうことがないか、など反覆して確認しているとのことです。

そしてこのように自分がやるべきことに落度があり、仕事や人間関係に支障が出ることは事業経営者としては厳に謹むべきと申しておりました。

お話を聞いてアイデアやヒントは、夜の研ぎ澄まされた空気に五感の鋭さの中に生まれるものかも知れないと考えさせられました。惰眠を貪り、思いも浅く、頭もからだもメタボリック症候群では、厳しい企業戦争に勝利の途はないのだと思います。

M&A⑴(企業買収・合併)される会社づくり

日本には幸いなことに四季があります。この四季がある故に、私たちは季節だけでなく物事にも変化があることを学んできました。そうして人が生きていくこと、事業をしていくことにも変化があり、**経営力とは、時代や経営環境に適応していく経営能力**をいうのだと知らされます。

四季は春夏秋冬のことですが、事業になぞらえていえば、春は事業のスタート・創業期、夏は成長・躍進期、秋は成熟・展開期、冬は引継・整理期になろうかと思います。事業は私たち人間の行為ですから、創業期は二十才後半～四十才代、成長・躍進期は四十才代～五十才代、成熟・展開期は五十才代～六十才代、引継・整理期は六十才代以降の年代でくくられると思います。

前記の通り、事業環境やその対応は時代とともに変化します。最近の起業の在り方も同様で、私の起業した一九七〇年代には考えられなかったことですが、昨今は自らが手塩にかけた(この表現自体が古く時代遅れです)事業を、十年位で第三者に売却し(M&A)、その資金で次の時代に即した事業に転ずる時代だと言われるようになりました。新しい時代には新しい発想で時代に即したビジネスを立ち上げるとするならば、これは全く現代の理に叶った発想と行為だと思います。ですから今後の起業する方の目的意識として、事業の成功とともにこの時間軸で自社企業の売却も頭に置いておくことを重要視していくべき事柄だと思います。

第二十七話　№29　2008.03「起業アドバイザー便り」より

起業時より自分の事業の「起承転結」をしっかり意識し見定め、**極論としてM&Aで次のステップに飛躍**するのだという発想が求められる時代ということだと思います。

巷間よく言われているM＆Aとは企業の合併や買収のことですが、ここでは自らの「企業の売却」も頭の端に入れて日々業務に精進することも一つの考えであることを認識していただきたいと思います。

次号にはこのことに沿って、中小企業において、スムーズに第三者に企業売却するための条件についてふれてみます。

M&A(2)買手からみた魅力的な会社とは

今回は、前号の中小・零細企業においてスムーズに第三者に企業売却するための条件を逆説的にふれてみます。

手許に二〇〇四年三月二十日付の日本経済新聞の記事の切り抜きがあります。旧ライブドア堀江貴文社長（当時）が、「今後どのような企業買収を考えているか？」との記者の質問に答えたものです。

> 企業や業種で選んでいない。第一に総資産額以下で買収できる、第二に会員や取引先などの営業チャンネルを持つ、第三に免許を持っているという三条件のいずれかに該当することだ。グローバル証券は第一と第三が該当する。あえて言えば、電子商取引やメディアなどに興味がある。一〇〇％子会社が望ましく、イーバンクの場合、段階的に保有しようとしたのがいけなかった。

当時は、ＩＴビジネスやベンチャー企業のＭ＆Ａについては未だ勃興期で、彼がマスコミやマスメディアが創り上げた舞台で虚像をさらし「時価総額経営」を標榜していた頃ですので、現在

第二十八話　№.30　2008.04「起業アドバイザー便り」より

でのM&Aとには、かなりの誤差がありますが、考え方の参考例のひとつとして紹介いたしました。

この号では自分の企業をどのように売却するかの目的の話ですが、逆説的に**「買手から見た魅力的な会社とは」**具体的にどうなのか？　を理解しておく必要があろうかと思います。

まず売却の時期としては、仮に三十才位で創業したとして、四十才位で売却を考えるとしたら十年間でしっかりしたビジネスモデルを確立されておくことが第一です。

もっと細かく言えば、自社が独自の技術や**ビジネスモデルが他からみてもわかりやすい、利益の確保が堅実である、クライアントの質が良い、組織がシンプルで、社員が若くやる気に溢れているなど**になろうかと思います。

ひるがえって売却の当事者としては、創業時より日常的に営業力ばかりでなく財務も重視する姿勢で臨み、専門担当者任せにせず、貸借対照表（B／S）の貸方、借方への目配りをして総資産額を大きくしない、すなわちバランスシートを軽くしておくこと。

また損益計算書より、利益、キャッシュフローの管理を徹底してシンプルにしておくことも大切です。あとは自分の代理が務まる責任者の育成が出来ていれば、なお理想的かも知れません。

何故ならば、事業はその継続性が確保されてこそ価値があるのですから。

いずれにしろこのM&Aの問題は、大企業の場合、中小企業の場合など、何事もこうだと一概に言い切れないところが難しい問題だと思いますが「少年老易く　学成り難し　一寸の光陰軽んずべからず」で時間を定め、目的をもって常日頃、鋭意努めていくしかないのだと思います。

頭が立っているか

私は昨今の**中小・零細企業経営者は真のプロでなければやっていけないと**、つくづく感じさせられています。

今現在、社業が隆盛で、なおかつ「打つ手は無限」だと、真剣に日夜に亘り努力なさっている経営者は、真に尊敬に値する方だと思います。

人も企業も環境に影響を受けざるを得ない対象物ですが、同じ事業をしていても順境、逆境の企業はあるわけです。同じ業界の企業が全て同等な結果になるならば、倒産は全社に及ぶことになりますが、どっこい生き延びて次の飛躍を期する企業もあるわけです。

もちろん「運の有る、無し」は否定するところではありませんが、所詮これは「因縁果」というもので、良い結果を生むための着想、実行、反省が企業活動の毎日の中で確実に実行されていることがまず第一だと思います。

最近は、事業承継の記事が新聞や雑誌に散見されていますが、二百年以上続く某社の八代目が「当社の歴史は事業の創出と改廃の繰り返し」と失敗にもひるまないとありました。最近のように目まぐるしい変化の中でのビジネスモデルは、これも体験してわかることですが、同じモデルは十年もたないということです。

第二十九話　№.32　2008.06「起業アドバイザー便り」より

ですから現在のビジネスモデルで稼いでいる間に、次の事への足がかりを付けておくことが安定度の高い企業づくりに繋がるのだと思います。記事の終わりに「迷いに迷いに迷って、迷わず」とありました。**安逸を願い、思考を止めたら明日はない**のです。**先手、先手と考えを廻らし思考を柔軟にしておく**必要に迫られているのです。常に自分の頭が立っているか否か確認する必要があります。

世界の経済環境も、そして自然災害やビジネスや生活に密着した社会現象の全てがこの悪い方に向いて突き進み、回転しているような気がしてなりません。いったい、今より次は、もっと悪い状態になるような心もとない予感がしています。

しかし昔より「チャンスは悲観の中より生まれる」という言葉があります。それを信じて何事にも負けない勇気を失なわないようにしたいものです。

［参考］

ご自身が企業家として適任か、成功できるか否かのチェックリストのような冊子があります。一覧の価値があります。

小野敬也 著「夢をかなえるゾウ」

発行所　飛鳥新社　一六〇〇円（税別）

「賭けること」を避けては何も生まれない

私は四十年近く事業を継続してきましたが、思い起こすと、本当に山あり谷ありの連続で、それこそ登り坂あり、下り坂あり、そして予想外のマサカありを実感いたします。また、この期間にいろいろの方との出会いがあり、ある人を師と仰ぎ、ある人は友として敬いそして導かれてまいりました。反面、あるときは自分の知恵と心遣いに欠けて、せっかくの出会いを後味の悪いものにして猛省をしたことも幾度かありました。本当に人が生き、志しを持って仕事をしていくことの大変さ、難しさを改めて強く感じる今日この頃です。

最近お目にかかった三十代後半の女性経営者は、自分が起業するときの約束事として「絶対、借金をしてまで事業はしない」とのことでした。勿論、今日でも無借金経営は続いていると申されておりました。別に男性だから女性だからというわけでなく、このお話を聞いて「カニは甲羅に似せて穴を掘る」という譬えを思い浮かべました。それぞれの思い、ビジネスの仕方があるのですからこのお話は当然です。でも仮に事業していてビッグチャンスが訪れたとき、皆が皆同じような考えであれば事業の成功者は出てこないのではないでしょうか。

はるか昔、「男は一度勝負する」というフレーズがありました。せっかく起業や開業を始めて人の何倍も奮闘努力して、待ちにまった好機到来の折に、手も足も出さないのでは、本来的な企業

第三十話　№.34　2008.08「起業アドバイザー便り」より

の進化、成長は掌中にすることは叶わないのではないでしょうか。

ある意味人生を賭けるつもりで起業や開業したわけですから、好機にしっかり反応して事業拡充のチャンスとばかり勇猛に挑戦してみることも一考と思えます。即ち**「虎穴に入らずんば虎児を得ず」**です。

言うまでもなく、もちろん、借金は返さねばならない金ですが、成長期におけるエネルギー源であることも事実です。計画性のない借金、本業に関係のない投融資のための借金は厳に謹むべきですが、ビッグチャンスの折は、あなたの周りの諸先輩や指導者によく相談し、さまざまなリスクを検討しても、なおかつ成長の可能性を認めるのであれば、歩を進める心丈夫さは常に持っておかねば、何のための起業、開業なのかと問う次第です。

出口を考えない計画は危険で、無茶はいけませんが、**賭けることを避け、何でも尻込みしていては、自身が望んだものは掌中にできない**と思います。

内に籠らず、外に出て先輩の話を聞こう

去る九月四日に、東京商工会議所主催のベンチャーセミナー二〇〇八に参加してまいりました。会議所のビルの一番大きな国際会議場は、開場一八時、定員二〇〇名の席は全て埋まっていました。今回のセミナーのテーマと講演者への関心の高さがうかがい知れるところです。

会場内はこれから起業・開業しようとする若い方が三分の二位の様子で、事業経営者とおぼしき方も参加していました。

第一部は〝新しいあたりまえ〟への挑戦。株式会社フォーバル会長兼社長大久保秀夫氏の講演でした。とくに、ここで特筆しておきたいことだけ纏めてみますと、これからのニュービジネスモデルの形として、次のような点を強調されておりました。

・ひとつの系統だったビジネスに集中（通信／電話／ＩＴ（情報通信））
・一回だけの売切りより、継続できるビジネスに注力
・次のステップアップのため常にトライアルをしていくことの大切さ

次にビジネスのヒントとして、問題解決の課題に、その発想があるということをお話しされました。

第三十一話　№35　2008.09「起業アドバイザー便り」より

・大きなものを小さくする（サイズ）
・二つの機能を一つにする（合成）
・遅いものを速くする（スピード）
・手間の多くかかるものを少なくする（省力化）

一九八〇年設立、八八年株式公開を果たした実績を基にお話をいただき、大いに納得させていただきました。

第二部は、ぐるなび「№1サイト」への道。株式会社ぐるなび会長滝久雄氏の講演でした。ニュービジネスの要諦を次のようにお話ししていました。

・構想／構築／具現化　であり、ベンチャー経営者の適性は好奇心が強いこと
・具現化のためには、熱心さとターゲットを絞り込み、楽しむテーマを追求するマニアック性が肝要

パワーポイントでのプレゼンテーションは、ベンチャーのセミナーにふさわしい理解度の高い一刻でした。

いずれにしろ**事業環境が激変の現在は、自分自身の小さな器に籠らないで、時には外に出て、先輩の話しや講演会に参加して刺激を受け、他に学ぶことが自身の成長に大切**なことだと思いました。

起業・開業に必要となる四つの基本テーマ

当「起業アドバイザー便り」は今回で36号となり、ちょうどスタートから三カ年が経過します。私の事業経営のスタートから今日までのおおよそ四十年間近くの拙い経験を基に、これから独立・開業を目ざす人、創業仕立ての人々などに対して、事業やお仕事の水先案内人が出来ればと念じて続けてまいりました。今回ひと区切りとして小冊子を刊行するにあたり、これまでの各項を要約し、四つの基本テーマとして纏めました。

Ⅰ．資金調達

先ず第一に起業、開業するには資金が必要ですので、自己資金でまかなえないとすれば、他から資金の導入を図るしかありません。一般論として考えられることは、①日本政策金融公庫（略称：政策公庫）の国民生活事業の新規開業ローンよりの借入　②友人、知人、関係者からの出資金が考えられます。

Ⅱ．ビジネスの「型」と売上の「形」がポイント

事業には沢山の種類がありますが、つきつめるとビジネスの型には「ストック型」と「フロー型」との二つに区分されると思いますが、一般的に収益の確保、見通しなどを考えると「ストック型」に集中して事業展開していくべきと思います。

第三十二話　№.36　2008.10「起業アドバイザー便り」より

Ⅲ．売上高より粗利益額を重視する

経営の要点は「利益の最大化」すなわち売上－原価（仕入＋外注費）＝粗利益をいかに高めているか。また、経費をいかに低めていくかがポイントです。粗利益額を増大させるには①売上高を上げる　②原価を下げるが主たる方法です。ですからビジネスにおいて売上の額を基本と考えず、正味すなわち手許に残る粗利益を重視していくことは、より安全で確実な経営を目ざすなら当然なことです。売上の額ではなく手残りの儲けの額が問題です。

Ⅳ．人間力を磨く（人間性）

ビジネスの成否を左右する大きなファクター（要因）となるものに、人間関係があります。芸術家や独自の世界で伝統的な技術を磨いている人達と違い、ビジネスの世界では人と人との接点は大切かつ重要な事柄です。ですから、円満かつ高尚な人間関係を形成することが出来なければ事業の発展や成長は望めないのだと思います。人間嫌いでは今の世の中で仕事をしていくことは困難なことですし、成果は期待できません。人に信用され、好かれることは時間がかかり容易ではありません。一方、人に嫌われ、遠ざけられるのは本当に一瞬のことです。誰しも先輩から、他人から、仲間から「善の循環」の如く、信頼され、支援の手を差し伸べられるのも、そうならないのも自分の人間力のポジションが正しいか、正しくないのかの問題なのです。

最後に昔からいわれる「人たらし」「老人キラー」とは、どういうことなのか、その意味合いの解答を見い出してみて下さい。はるか昔、私が起業仕立ての頃、人生の大先輩から「女にもてない奴など、良い仕事が出来るわけがない」と苦言と激励を頂いたことは、今でも忘れられません。

容易ならざる事態に臨むトップの覚悟

二〇〇八（平成二十）年九月十五日に発生した米国のリーマン・ブラザーズの破綻、いわゆるリーマンショックに端を発した同年十月八日の東証市場の大暴落（▲九五二円の九二〇三円）など、このところの世界金融危機を見て、いろいろ考えることが多い毎日です。とくに今回の金融危機の拡大スピードはグローバリゼーションの今日では、当然と、頭では理解していても実際は想像を超えたスピードでした。それ故に株式市場のみならず、商品市況、そして国内の不動産市況も大きく値を崩しております。これらに関係する金融機関も法人も個人も、その対応策が後手に廻り大きな損害を被り、世に言われる全治三カ年の現実が目の前にあります。これらの影響はこの年末から来年に実態として私たちの日常を襲うことになります。本当に身が引き締り、試練は続くのだと覚悟させせられております。

こうした中、私自身もこのような局面に立たされて企業の在り方に思いを馳せてみると、その本質が見えて来ます。それは究極のところ、次の二点であると気付かされます。

①キャッシュフロー経営に徹すること。

②自己資本の比率が高く経営基盤を堅固にすること。

第三十三話　№.38　2008.12「起業アドバイザー便り」より

①は「キャッシュを生み出す力」の最大化を図る企業の在り方のことですが、それは、どのような世の中になろうとも自社のビジネスモデルを時代やマーケットニーズに適合させて、収益を確保していく手だてを失なわないこと、②はその結果として納税後の資金を適正に社内にプールして行き、多少の波風が立っても〝揺がない〟財務体質と、組織体にしておくことだと思います。

そのための方策として、次の二点を重視したいと考えます。①については、**企業体力のあるうちに次の一手**（キャッシュフロー経営に叶うビジネスモデルの模索）を考えて掌中にしておくこと。危機に直面して、初めて次のことを考えては遅きに失します。決断、英断ともにおいてすばやい対応力が求められて、そのタイミングが試されています。そのためには時代変化への時代を観ていくトップたる者の感覚が研ぎすまされた鋭敏さが大切で、時代の変化へのアンテナを曇らせていては始まりません。②については、トップの経営に対する意識、社員の意識とも常日頃危機対応モードの状態を保持しておくべく、自他ともに啓蒙、啓発しておく必要があります。

会社に対し自らの姿勢と考え方が安易であったり、社員に対してご機嫌とりなど、阿《おもね》ていては始まりません。

頭によぎる思いの要約を記述しましたが、どれもこれも日頃の経営をトップ自らが真剣に遂行していれば見えてくるものなのです。リーマンショックによる危機は、全治三カ年とのことですが、これも人の言うことです。これらの事態を克服するには、相当な覚悟がなければ乗り切れないと私も感じております。トップ自ら減給、経費ゼロ、当然の如く公私の区別徹底etc.。容易ならざる事態に臨んで、**どの位自分が覚悟が出来ているか試されてもいる**のです。

トップの人間力が試されている

百年に一度と言われる金融危機が世界を直撃して、景気落ち込みが〝未体験ゾーンの速度〟として眼前にあります。一説にはこの危機をそのスピードとスケールから「大津波」にたとえて、その対策に国も法人も、当然個人も慌しく苦慮しているのが実状です。

言うまでもなく、事業経営は私たち人間が行なう行為です。そしてとくに中小・零細企業の場合は、突き詰めて言えば経営者、即ちトップの判断でほとんどが決められて、行なわれている事柄だと思います。

永年、中小企業を経営してきてわかることですが「経営は真剣勝負であり、常に最悪の事態を予想し、その対策を掌中にしておくこと」「何か結果が出たら、その原因となるトップのこれまでの経営姿勢とその実績が問われている」「自問自答すればその答えは自ずと明白」なのですから、現状を毅然とした態度で受け入れるしかありません。

故に、トップが自らの企業の実状を冷静に見極めたとき、全く「八方塞がり」なのか、または「打つ手は無限」なのかの判断で、それぞれの行く末は定まります。年末近くに来社された、常々お仕事が上手くいっている四十代のトップの方も、現在の環境激変にさすがの業績も三割程ダウンですと弱気でした。

第三十四話　№.39　2009.01「起業アドバイザー便り」より

つらつら考えますに、このような状況の中で経営者、トップとして現況下に何が大切なのかを広く、深く考えてみますと、それは「人間力」と言うものだと思いました。

では「人間力」とは何かと申しますと、従来から言われる経営力をもっと大きく高められた、人間性を基にした不屈の精神というものだと思います。

それは、**仕事に行き詰まった時には決して落胆せず、何か打開する道を探して打ち当たって行く強い意志と行動力**で、周りの人にやる気を起こさせて、全体的に意気消沈の雰囲気を明るくさせて前進させて行く力だと思います。

即ち、現在の実状は実状として受け入れること。そして、苦節の時ほど花の美しさや自然の移ろいなど、心を楽しむ余裕と知恵を持って克服するしか途はないと私は考えています。

ではその余裕はどこから来るのか、それはトップのこれまでの事上磨練《じじょうまれん》、即ち、実際に行動や実践を通して、知識や精神を磨いて来た結果からだと思っています。

今は、自身の「**誰も助けてくれない**」との覚悟の確かさと、自ずからの人間力を試されている日々なのです。

常に向学心、向上心を持ち続ける

以前にもふれていますが、私の社会人としてのスタートはN證券の支店勤務からでした。同期で同窓の仲間も十人位おりましたが、都内の支店勤務の営業職に就いたのは三人程でした。私はここでビジネス社会の基本とも言える「ヒト、モノ、カネ、情報」のなんであるか、またその重要性を多く修得してきました。そのひとつは、**出社前に必ず日本経済新聞に眼を通しておく**ことでした。営業開始スタンバイという時には世界や日本経済の現在の動きについて知り、それに基づいた自分の考え（コメント）を持っていなければ大切な顧客様に対してタイムリー、かつベストのプレゼンスが成し得ません。このような心構えは、習性となってその後の起業、そして創立四十年近く継続してきて現在の私の事業の源泉となっていることは確かです。

社会人としての入口で、こうした必要欠くべからずの知識と習性を習得できたことは、今でも幸いなことだと思っています。

それから常日頃自分自身が心掛けている向学心、向上心について多少列記してみます。

一．何事も興味や好奇心をもって生活する。（生活が豊かになる）

二．雑学家と言われても、なるべく広範囲の本を読む。（漢字を覚える、知識が豊富になる）

第三十五話　№42　2009.04「起業アドバイザー便り」より

三．手許に辞書を置いて活用する。（疑問が生じたらそのままにしないでボキャ貧を避ける）
四．自筆の手紙を投函していく。（ワープロ、メールでないスキンシップ）
五．映画館、美術館、絵画展、イベント、セミナーになるべく出掛ける。（知識がなければ話題が乏しい会話しか生まれない）
六．自宅のベットにメモと筆記具を備える。（神経が研ぎ澄まされた一瞬の発想を大切にする）
七．社会、仲間のために汗をかく。（自分のことで精一杯では情けない人生だと思う）
八．「自分以外は皆、師なのだ」との思いでなるべく話すことより傾聴に心がける。（人の自慢話はストレスにならない程度にコントロールして接していく）

以上、基本的な事柄ですが、究極のところは**何事も意識して継続していくこと**だと思います。自分にはそのような時間がないと決めつけないで、**自らの時間を創り出す**気構えを忘れないで欲しいと思います。

ある本を手にしましたら、扉に「汝の欲するところを徹底的に行なえ」（フランソワ・ラブレー）、とありました。どんな生き方、自分らしさも自分次第であることを再認識されます。

ピンチで改めて気付くこと

この世界的経済危機の中で、私たちの中小企業も大いに影響を受け、友人、知人の中にも事業の継続を断念せざるを得ない人が散見される憂慮すべき状況が続いています。そしてそのような企業が、今後ますます増加すると予想されます。過日、相談に来社された方は、「いろいろ考えた末に会社整理の方向で行きたい」とのことでしたので、弁護士事務所を紹介し、私も同行いたしました。

言うまでもなく、中小・零細企業は大企業とは違います。先代社長が志して起業が成されたり、また自らが創り上げて、業歴を重ねてきたのが現在の「事業の形」であります。業歴も浅く資本の蓄積が少なく、私たちの身体で例えれば、何かあれば風邪を引きやすく免疫力に乏しい虚弱体質です。ですから今回の百年に一度のと言われる経済危機の津波に直撃されれば、ひとたまりもなく、否応もなく耐えられず会社の後始末の場面に直面することになってしまいます。

弁護士事務所で同席し面談していて、次の二つの事柄に日頃から注視して経営をしていかねばならないと気付かされました。

ひとつ目は、企業の体力ともいうべき**「自己資本」をしっかり蓄積しておく**ことです。特に「利益準備金」とその他の「剰余金」、会社が創業以来利益を稼いで、その中から税金を払った残りの「累

第三十六話　№43　2009.05　「起業アドバイザー便り」より

積額」が重要です。自己資本が総資産（自己資本＋他人資本）に対する割合は自己資本／総資産×一〇〇で表わされ、その自己資本比率が高いほど企業の体力があると言われるのです。

健全で丈夫な会社を目ざすならこの数字を一応二五〜三〇％位を目ざしていくことを薦めます。日頃より事業収益を確保し、税金を支払った後の資金を、いたずらに散出させず留保しておく必要があります。

ふたつ目は、事業経営のビジネスモデルです。ここでは経営の柱のことですが、この事業内容がひとつだけでは大変リスクがあるということです。今回のように景況が急激に変化し、金融機関の引き締めで本業が再起不能に陥ったとき、企業再生の手段として**もうひとつ経営の柱**があったとすればそれは再生可能だったかも知れません。

ビジネスモデルを構築し、それが利益を生むまで大きなエネルギーと歳月が必要です。しかしながら、これまでの私の経験から学ぶことですが、ひとつのビジネスモデルで経営を維持できるのは、せいぜい長くて十年位です。先を見て、さまざまな手を打っていくことが求められます。安穏の月日など経営者にはないのです。揺るがない経営者としては、新たなビジネスモデルを構築しそれを軌道に乗せたら、あとは現場に任せて、次のことをもう考えていくことが必要なのです。

見栄を捨てねば身が亡ぶ

未曽有の経済危機による不況下において、いずれの企業も大きな影響を受け巷間では青息吐息の声が頻りです。そうした中、最近気になるのはこれまで多少交際してきた方などから、事務所の移転や撤退の通知が数多く届くようになったことです。例えばある方は大手銀行のＯＢで、数店の支店長を経験して民間企業への出向を経て、数年前にかなり立派な不動産取引事務所を千代田区九段下に設け創業いたしました。またある方は、大手建設会社の専務でしたが、役員を降りて同業の建設コンサルタント会社を港区芝に設立され、一度お誘いを受け伺った折、拝見したのですが、かなり資金をかけた事務所だと感じたものです。やはりある程度の地位であった人は、それ相応の事務所を構えざるを得ないのだと思いました。しかしながら、こうしたことでスタートした企業でも、ここ数年来の景況の厳冬期が続いては、経営そのものを、到底、維持継続出来るものではありません。

このような実状を知るたび、どうしても**キャリアを積んだ年齢の高い人の事業スタートは、立派なオフィスを構えてのスタート**になってしまうものだと感じました。これはスタートからリスクを内蔵した経営スタンスではないかと思わざるを得ません。

当アドバイザー便りの初期にもふれていますが、当初の収支計画は、ほとんど目安しかありま

第三十七話　№.44　2009.06「起業アドバイザー便り」より

せん。売上は、予想や見込みより少なく、経費はそれよりも多くなるものです。

起業の要諦は「小さく生んで大きく育てる」ですが、これまでの関係者や他を意識した「見栄」が過剰な舞台装置を作り上げてしまうことになりかねません。昔から「派手なことをするな。地味な生き方をしろ。」と先達は申して来ました。見栄を張り、**自分を実力以上に誇示してどれほどの人が沈んで行った**でしょうか。

他方、特殊な装置を狭い領域内に限り世に出すことでスタートした企業があります。本社は都心から離れた埼玉県に三世帯住宅の中に構えて、工場は持たず（ハブレス）台湾で生産し、国内在庫は佐川急便の配送センターを利用し、地味ですが堅実に利益を挙げている企業があります。余り業界活動もせず、地方の名士の集いにも足を向けず、ただひたすら自社が世に出す装置の改良に心血を注いでいます。

年に一度ほどしかお目にかかりませんが、その都度、堅実な姿勢に感心し、目ざすものを常に持っている人間が持つ真価について学ぶことが多いのを感じます。

現在も今後もこの混迷期は続きます。企業の体力勝負の様相は、もっともっと厳しくなって来ることでしょう。経営トップが**見栄を捨て企業を死守する気構え**を持たずして、その存続は今の時代あり得ないのです。

起業は「善の恩恵」をもたらす

現在は二〇〇七年に始まったサブプライムローン恐慌下で、これを「二十一世紀型」と表現する人もいます。金融当局は本年(二〇〇九)二〜三月が景気の底だったとアナウンスしていますが、実態経済の在り様を、広く会合などでヒアリングしてみますと、とても素直にうなずけないばかりか何か政策的にそのような情報を流しているのではと疑心を感じます。

今回は、当「起業アドバイザー便り」の根本的な考えについてふれてみたいと思います。二〇〇一年六月五日号に掲載された毎日新聞社刊の「エコノミスト」に私が投書した文章です。

なぜ起業家の輩出が待たれるのか　経営コンサルタント　塩原　勝美

去る四月二十五日、都内ホテルでI化粧品会社会長兼社長K氏の追悼式が催された。余りにも急すぎた逝去だったが、追悼式には七百人近い人々が参列し、私は改めて個性的な事業家だったK氏を偲び、「起業とは何か」を考えざるを得なかった。

K氏は享年六十六歳。一九七四年に現在のI社を創業、一代で基礎化粧品一本に絞った個性的な企業に仕立て上げた。今日では一般的となった「シンプルスキンケア」を二十五年前に提唱し、規制の多い化粧品業界にあって、新しいマーケティング手法を編み出した。

第三十八話　№.45　2009.07「起業アドバイザー便り」より

保守的な業界での創業は、並大抵の困難ではなかったと思われるが、一人の起業家がそれを成し得て上昇軌道に乗るとき、そこには起業家の個性的なイメージを具体的な形にしていくことの出来る販売代理店や素材提供会社、広告代理店、取引銀行などの、人と人とのビジネスネットワークが形成されていく。筆者も創業のころ、このⅠ社と取引があり、ビジネスネットワークの一環として仕事をさせていただいた。それが今日の私の事業の基礎を作り、成長のファクターとなったことは疑いがない。Ⅰ社の、創業以来二十五年の累積二千五百億円に達すると思われる売上を支え、自らも成長の基礎とした周辺企業は百社以上に達し、従業員、関係者として関わった人の数は一万人を下ることはないと思われる。

このように、一人の個性的な起業家がロマンと信念を基に起業し、それに成功するとき、周辺にこのような**有形無形の大きな「善の恩恵」をもたらす**。これが本来の起業の在り方であり、その周辺に巻き起こるネットワークは、翻ってその企業をさらなる成長へと押し上げていく。

いつの時代もそうだが、起業に成功するには、起業家本来の発想や個性がもっとも大きな要素となる。それと同時にその周辺のネットワークの形成も欠かすことができない。乱造気味のＩＴ企業の創業にも見直しが迫られる今こそ、正しい意味での真に個性的な「起業家」の輩出が待ち望まれる。

私は、**起業は「自己表現・自己実現」の手段**だと思ってきましたが、近頃はそれを超えた「善の恩恵」を周囲に及ぼす行為だと認識させられました。マスコミで若い人たちが草食系男子と言われ漫画やゲームに夢中のオタク的様相を目にして、改めて社会を活性化するために「これでいいのか」と起業への意識を喚起したいと思う毎日です。

創業事業でいつまで食い繋げるか

常日頃より、事業経営は自然界の生きもの同様に、環境変化に大きな影響を受けると理解して来ました。ここで言うビジネス界の環境変化とは、マーケットニーズの変革や、法律の改正、IT技術の進化、競争相手の出現など枚挙にいとまがないほど多数、次から次へと生まれてきます。かつて私が創業したての頃（一九七〇年代初め）その創業事業（ビジネスモデル／企画・デザイン・印刷・広告）がこれから一生に亘り永続していくものと信じて、疑うことはありませんでした。この頃は自分たちの努力もさることながら、時と環境に恵まれ、着実に企業基盤を強固にすることが出来ました。

ところが八〇年代後半のバブル経済の渦と、九〇年代前半のその崩壊と併行して、パソコンが急速に普及し、創業した事業が先行き不透明ゾーンの中に突入してしまいました。その頃に先々の不安を感じつつ、九〇年代半ばに新しく事業進出したのが短期滞在型のマンスリーマンション事業でした。この事業は中古ビルを用途変更（コンバージョン）して利用することによりビジネスホテルよりロウプライスで提供するビジネスモデルで、NHK総合TV「おはよう日本」で一九九八年一月に放映され、注目されました。未だ未開拓のマーケットでしたので弊社にとっては「起死回生の一打」となり、新たな事業の柱として収益確保に大きく貢献しました。

第三十九話　№46　2009.08「起業アドバイザー便り」より

しかしながら、それ以降この業界も新規参入が続き、ここ七〜八年は過当競争で価格も極端に低く、倒産企業や撤退する企業も散見される実情です。そして現在は先々を考えて、新事業の次の「打つ手」をしっかり手配して次に備えております。

私はこれまでの経験や、見聞する資料からして、**中小企業がひとつのビジネスモデルで稼ぐことが出来る期間は、現在ではせいぜい五年程度**で、決して十年はもたないのではないかと思います。

二〇〇九年七月二十六日の日本経済新聞の一面トップの記事に、企業の「稼ぎ頭」交代という記事があり、その事例を要約します。

・富士フイルムＨＤが写真フイルムより複写・プリンター事業へ、そして医療関連事業へ。
・日清紡ＨＤは創業事業の繊維から自動車部品へ、そして太陽電池関連事業へ。
・昭和シェル石油は石油事業から太陽電池事業へ。

と新規事業で利益の下支えをするとあります。

そして他の記事に、大和ハウス工業の創業者の故石橋信夫氏の話として「先の先を読め」「先を読んで事業を興せ」（新規事業に挑戦しろ）と言い続けてきたとあります。そこに続き、どんな不況下でも、消費者が必要とするものは必ずある。「何をやったらもうかるかを考えてはあかん。どういうものを世に送ればお客様が喜ぶか、世の中がこの先どういうものを必要とするかを考えろ。利益は後からついてくる」。それが商売の原点というものだろう。…と説いていたとありました。

以上は、もちろん大企業の例です。まだ続く不況下、ないないづくしの私たち中小企業の場合を考えたとき、本当にトップは一身を賭ける覚悟と並々ならぬ努力で現況を乗越えて、併せて新規事業をモノにしていかねば明日はないと痛感する昨今です。

起業の時期とその形

私は、自分自身がそうであったように、起業は出来るだけ若い時期（おおよそ二十代後半〜三十代）にすべきだと思ってきました。他の方にもそのように伝えてきました。その理由は起業、独立後の毎日は、それまでのサラリーマン生活をはるかに超えた気力が必要で、体力の消耗も激しい過酷な日々が続くからでした。起業そのものが成功より失敗の確率がはるかに多いハイリスクな行為です。起業は「バクチ」であると断言される方もいるくらいです。仮に失敗して再起を図る場合にも大きなエネルギーを再び必要とされるわけで、年齢が若ければそれは可能性が高まると考えるからでした。しかし、最近読んだ「小説家の経営術」（西川三郎著 幻冬舎刊）により、私のこれまでのこうした起業の在り方を再考しなくてはならないと感じております。

同氏は愛媛県出身で一九四八年生。慶應義塾大学法学部卒後、大手生命保険会社に入社。その後、妻の両親が経営する人材派遣会社に入社し、十年間経営基盤の確立に奔走。さらなる発展の段階の折に定かな理由もなく、突然、解雇宣言されました。

創業は一九九九年、五十一才のとき。これまでのビジネスの延長線上である人材派遣のビジネスで、とくに機械設計分野に事業領域を絞り、現ジャパニクス株式会社を設立し、技術派遣業界において「十年で社員一〇〇〇人」の企業を作って現在に至ります。

第四十話

No.47　2009.09「起業アドバイザー便り」より

私が特に興味深いと感じた文章を書き出しますと、以下の通りです。文中の一部を抜粋し、私の考えを太字で示します。

・「小説を書く人間のプロはエンディングから逆算して物語を紡いでいくのに対し、アマチュアは思いつきの勢いだけで書きはじめてしまう。」（P.27）

◎経営者は出口戦略を頭に入れて逆説的に事を進めることもときには大切。

・「想像力をしかも小説的な想像力を働かせることで出来る限り不確実性をケアすることは可能です。少なくとも定規で描いたような事業計画書だけで経営を進めるよりは多くの事態をあらかじめ想定できるようになるはずです。」（P.29）

◎多岐に亘る、それこそさまざまな事象を直視してリスクを予想していく。

・「未来を見据え、どんな現実とも真摯に対峙し、ビジネスで答えをだしていく経営者はみんな哲学的・思想的な考察をおもちです。とはいっても経営者に必要な哲学や思想はなにも哲学書を読みふけることによって得られるのみでなく、物事を突き詰めて考えることが思想、哲学的行為だと思います。」（P.61）

◎沈思黙考を習慣とし、猪突猛進を戒める。

この本を一読してまだまだたくさんの事柄に新鮮さを感じました。そして起業の時期はあくまでもタイミングなので、単に若くエネルギーの溢れるときが全てではなく、その人の年令と蓄積されている、さまざまな複眼的なモノの見方と考え方を基本に決めていくことだと考えました。

「付加価値のある差別化」が起業のポイント

九月下旬、三日間にわたる千葉県中小企業団体中央会主催の「創業セミナー二〇〇九」に参加しました。約六十人位の老若男女の方々と創業の基本の知識を改めて学んでまいりました。まず「何を今さら」などとは思わずに「生涯学習」の心意気で、起業（創業）の原点をもう一度見つめ直してみたいという思いで参加しました。そこで学んだことで印象に残るのは、創業に際しスタートさせようとするビジネスモデルが、果たして他と比べ付加価値のある差別化がなされているかどうかという点が重要だということです。この点をまず理解させられました。これはいつの時代でも起業（創業）においては大切なことだと思います。

ここで「付加価値」とは何か考えてみましょう。商品の販売で言えば、販売価額＝仕入価格＋利潤となりますが、この利潤は単に仕入額の何パーセントを上乗せするというものであってはいけないということです。**仕入商品に対し、自らが独自の創意工夫で商品価値を高める知恵や才能をそこに加味する**こと。お客様がその付加価値に納得し、喜んでお金を支払う「喜び・感動」を感じて頂けるということ。逆に自らが**お客様からお金をもらう理由がその付加価値にある**という考えに基づくものです。

具体的には価値を高める、価値を新たに創造するビジネスは、

第四十一話

№49　2009.11「起業アドバイザー便り」より

① 今まで実在しなかった何かを新たに付け加える（交換）
② 現在実在するものを思いきってすっかり取り除く（削除）
③ これまで実在するものを大胆に増やす（加味）
④ これまで実在するものを思い切り減らす（削減）

この四つの切り口から見付け出すことが肝要です。

もうひとつの「差別化」とは「ライバル（競合者）と、どの部分で勝負するか」「勝利をものに出来る理由は何か」を明確にすることです。

自らが進もうとする領域で「仕組み」「企画」「商品（技術）」「サービス」等に、いかに独自性に富む差別化が出来るかが大きなポイントです。言うなれば他と差別化されていないビジネスでは最初から「勝ち目」は無いのです。私の場合で具体的に整理し、解説いたしますと、私は一九六六年にN社を共同設立し専務取締役となりました。当初より従来の欧文印刷における文字組版部門にフォーカスを当ててビジネスを始めました。その当時開発された米国ＩＢＭ社製の欧文タイプライターをいちはやく導入し、ベテラン植字工の手による作業から英文タイピスト活用によってスピード、コスト面からも断然優位に立つビジネスモデルが、これは今考えると①の技術の交換《おきかえ》によるものでした。一九七一年、共同経営者の下で、下請仕事に甘んじこのまま続けるか、私の事業として継続、発展していくかの岐路に立たされ、結局、意見の違いで袂を分かち一九七一年、私は現在の会社を設立しました。今日、事業のビジネスモデルは時代とともに変革してまいりましたが、振り返ると、そもそも私の起業のルーツも考えてみれば、このように「付加価値のある差別化」を実現したスタートだったのだと言えるのです。

安易な起業に警鐘

この起業アドバイザー便りは本稿で50号となりました。さて、最近出版された冊子、四ツ柳茂樹著「起業のルール」を購読しました。起業のルール一〇一項目が記載されたハウツー本ですが、前書きに「私は、日本の起業家が倍増すれば日本社会全体がよくなると思っている」とありました。著者自身が起業して十年にも満たない方で、その思いからする文章だと理解していますが、起業とはそう簡単ではないと考える私の考えからすれば、かなり違和感を持たざるを得ませんでした。

これまでこのアドバイザー便りでお伝えしてきた私の起業についての考えは、多岐に亘りますが、あえてここで改めて最大公約数として要約しますと、次の三点となります。

①計画や準備は慢らないこと。（これからスタートするビジネスモデルのマーケットにおける優位性の確認や実現性。実社会において積んで来た自らの経験と、資金、パートナー選びなど）

②自身の健康と身内の理解に万全を期すこと。（耐乏生活を強いられることもある）

③最低三カ年はなんとしても目的完遂するという精神力を持ち続けること。

ここでお伝えしたいことは、起業で大切なことは単に起業することでなく、誰しも事業として成功しなくては意味がないということです。

起業することは想像以上に大きなリスクを伴う作業ですし、簡単に途中で止めたり、投げ出し

第四十二話　№50　2009.12「起業アドバイザー便り」より

たり出来ない自己責任の行為なのです。それ故に現代の若者特有の単なるノリで起業すべきことではないと警鐘を発したいと思うのです。

安易に起業し「失敗したらまたサラリーマンとして会社に就職すれば」とありますが、私の経験と知識からすれば起業成功の確率は百人中に二～三人位だと理解しています。それですからこの本では起業の失敗において、多分残るであろう借財の解決については、この中のどの章でもふれられていません。

私はこの著者の言うように起業家が倍増すれば日本社会全体がよくなることを否定するのではありません。若い人がしっかりした起業への基本的な知識と理念を持って時代の流れを、上手くつかんで成功し、日本社会をよくして欲しいと願っている一人です。

そのためには起業することの意味合いや経営していくことの諸々の事柄をしっかり教育しサポートしていく孵化器（インキュベーション）としての機能や仕組みが必要なのだと思います。

私は数年前より私の第二のふるさとである神田地域で若い企業家を生み育てる活動を実施して来ました。現在、これらの活動を少し範囲を拡げ「アントレプレナーのまち千代田」をスローガンに、地元千代田区で創業支援の活動を有志を募り計画いたすべく準備を始めております。

「アントレプレナー」の真の意味

私は二〇〇五年よりライフワークとして、地元千代田区で新たなアントレプレナーを生み、育てるための活動を継続し、現在も従来以上に広域な関係者の支援協力を仰いでより効果的な活動を展開する準備を始めているところです。

去る二〇〇九年十二月二十二日（金）の日本経済新聞朝刊二十四ページに、ＧＥＷ（グローバル・アントレプレナーシプ・ウィーク）ジャパンが開催されたとの記事がありました。その中で日本の起業家精神の展望として、政策研究大学院大学教授黒川清氏の開会基調講演「アントレプレナー＝チェンジ・エージェント」との記事の要旨が掲載されておりました。目を通しましたが、私がこれまで仏語であるアントプレナー（entrepreneär）を、「事業を起こす人」「起業家」「企業家」として理解していた概念を、この記述によって、より深く、正確に理解することが出来ました。ここに参考のために紹介します。

一　日本で「アントレプレナー」というと、事業を起こす人と考えられがちだが、そうではない。よりふさわしい言葉は「**進取の気性にあふれる人**」「**出るくい**」だ。事業であれ、何であれ、大きな夢と目標へ、新しいこと、楽しいことを、どうやったら実現できるか

第四十三話　№51　2010.01「起業アドバイザー便り」より

を常に考え行動し続け、社会に新しい価値を作り出していく人たちである。

二　こういう進取の気性にあふれる人たちこそ、世の中を変えていくチェンジ・エージェント、変革者なのだ。本来、若い人たちは反抗的であり、進取の気性に富むはずだが、残念ながら今の日本にはあまりにこれが乏しい。だから日本発のイノベーションが出にくいのだ。

三　イノベーションを起こすには、自分が何をやりたいかを見つけることだ。それを見つけられずに悩んでいる若者は、まず現場に行くことだ。世界は広い、どこでもいいではないか。そこでいろいろな経験をし、さまざまな出会いから、人を知り、ネットワークができる、自分のやりたいことも見えてくる。世界の問題を知り、友人と共感し、自分の燃えるものを探す、目標が見えてくる。

何事もそうですが、**「起業」そのものも、その正しい意味合い**をしっかり理解して取り組んでいかねばならないと改めて思いました。

中小・零細企業経営者としての自覚

毎月一回ほど、新聞の休刊日が実施されています。休刊日の出勤時はいつもの習慣として電車内で新聞を読む身からすれば、通勤の一刻がもの足らなく、情報量が不足することの切なさを感じます。しかし駅の売店ではスポーツ系の新聞は、しっかりと販売されています。これらの状態を見るにつけ、中小・零細企業経営者は一般紙の休刊日に自社の新聞を発行する弱小新聞社の「機を見るに敏」の姿勢に学び、**大手企業でない自らの立場を自覚する必要**があると思われます。

それは多分、大手新聞社の協定で定期的に休刊日を決めていることでしょうから、弱小新聞社としてはこの日を自社の「書き入れ時」とばかりに新聞発行に専念することは当然の行為でありましょう。実際にその日の新聞は、スポーツ関連ばかりでなく社会的なＮＥＷＳもしっかり伝えているのですから購読者はかなりの人数です。

二〇一〇年一月十九日（火）の夕方に、日本航空（ＪＡＬ）は東京地裁に会社更生法の適用を申請しました。私の意見として、経営者、社員、ＯＢ、そして政官の関係者の全てが「親方日の丸」的で、自己責任、自助努力の経営という基本的な思考と行動が成されていなかった結果だと痛感しています。しかし新聞記事には、その原因は原油価格やインフルの流行、景気の低迷などを挙

第四十四話　№52　2010.02「起業アドバイザー便り」より

げていますが、一方では、航空業界の新興勢力であるスカイマーク社はしっかりした収益体質の企業として躍進していると伝えています。その解説記事によれば、その主たる要因を次のように分析しています。

①新鋭のボーイング「737-800」型への航空機の統一。これは従来の「767」型機に比べ小型で部品点数が少なく整備コストを抑制できること。
②機種統一により緊急時に備えて待機させるパイロットの人数を減らし、人件費削減が出来ていること。
③座席数が少なく一定の搭乗率が確保され閑散期でも赤字になりにくい体質になっているということ。

これらを見て感じられることは、同じ航空業界の中にあって、独自な発想と行動力で企業収益を挙げていこうとする「本当の真剣さ」があるか否かの結果が出て、ＪＡＬとスカイマークの現在の姿となっていると言えると思います。これを学習例として私がお伝えしたいことは、私たち中小・零細企業経営者は、企業実力もないのに、いたずらに世間と社員に阿ねて、安易に週休二日制などを導入せずに隔週休日制を検討すべきだし、勤務時間も九時から十八時、一日の実働時間を八時間とするなど、あくまで経営当事者としての姿勢をしっかり自覚し、自分たちは**大手企業ではないとしての生き方**を、終始、貫いていくべきだということです。

過去を否定する

弊社は、来る七月で創立四十周年を迎えることになります。世間一般では慶事と受けとめられることでしょうが、私は四月一日からの新営業年度に臨む方針を**「過去の否定」**、**即ち、これまでの「リセット」**ということに尽きると社内でも言い、徹底させております。つまり弊社の将来は、今日まで積み上げて来た、これまでの事業歴やカバレッジ（事業領域）やドメイン（活動領域）の先に、決してあるものではないと深く心しているからです。

この考えは、常日頃の私の情報収集や人との接点などを通じて、日々努めてきた結果からも確信出来ていることなのです。この起業アドバイザー便りの二〇〇九年八月号「創業事業でいつまで食い繋げるか」の中で、中小企業が一つのビジネスモデルで稼ぐことで出来る期間は現在ではせいぜい五年程で、決して十年は持たないのではないかとも記しております。

二〇一〇年三月二十五日の日経新聞のグローバルの欄に次の記事がありました。

『韓国・サムスン電子の李健熙（イ・ゴンヒ）前会長（68）が二十四日、会長職に復帰し、再び経営の陣頭に立った。社員に向けた第一声は「今後十年以内にサムスンを代表する製品は大部分が無くなる」。世界シェア首位のメモリーや液晶パネルでも中国などの追撃を受けるとの危機感を強める一方、成長の原動力となる新事業育成に全力を傾ける意思表示でもある。』

第四十五話　№54　2010.04「起業アドバイザー便り」より

冷静に弊社の過去を思い起こしますと、創業からの前半部分である二十年位の間は、それこそ身も心もガムシャラで息つく暇もなく、前へ前へと歩を進める毎日でした。

そして後半は世に言う「失われた20年」の如く、景気や経済環境の激変期でした。その中でIT技術の急速な進歩による企業環境に変化に適応しつつ、先手必勝の気概で突き進んで来た歳月でした。とくにこの五年の間はサブプライム・ローン、リーマンショックなどの影響で一言で表現すれば、会社の発展より、会社を消滅させないための努力の日々だったと思います。

古い話になりますが、一九八五年（昭和六十年）七月の創立十五周年の内輪の祝宴の席で、招待させて頂いた畏友で役員をお願いしている方から、「ここまで来れば七分咲き」と祝辞を頂きました。しかしながらその時に「世の中に不変なものはない」と私の心は冷めていて、「否二分咲き」との感であったと記憶しております。

案の定と言うべきか、今日の弊社の**ビジネスモデルと事業態は、かつての延長線上には全く無く、また新たな挑戦**をしていこうとしています。今こうして四十周年を迎えようとしているとき、改めて二十五年前と同じく、いやもっと**強く新たな発想と行動力**で結果を出すべく再スタートせねばならないと決意しております。そうでなければ弊社の明日は無いとの思いからなのです。

起業サギと起業の普遍性

私は最近の起業にかかわる事柄について、ある種の動きに危惧をもっております。先ずその前に昨今の外部環境の動きについて少し整理してみます。

韓国では二〇一〇年を起点とする新経済政策に、ベンチャー企業一万社の起業を政府・中小企業庁が支援・育成して二十万人の雇用効果を生む計画が二〇一二年にかけて進行しているとのことです。日本では四月下旬に行なわれた第二弾「事業仕分け」（予算の無駄遣いを公の場で洗い出す政府の行政刷新会議）の、通産省の所轄のベンチャー支援補助金の問題が俎上に乗せられることは見送られましたが、日本におけるこれらの政策については相変らずのことですので、私には効果が薄いと思われます。なぜ効果が薄いかと言いますと、実際に立案した役人自身が、起業して経営というものを理解していてのことでなく、浅い推論からの机上の空論であるからです。起業する人、企業を立ち上げて進行中の人など、事業を起こし、その継続に苦慮していて、真に支援を欲している人達と、その内容がわからないままの補助金支給ですので、ミスマッチでその効果は知れていると思います。また事業家が補助金の支給を先ず念頭において経営しているとしたら、その事業の先行きの発展など望めるはずはありません。

起業や独立、何か商売をしたいと思うとき、情報過多の現代ではそれらの情報を収集すること

第四十六話　№55　2010.05「起業アドバイザー便り」より

は容易です。書店では沢山の関係図書は溢れ、ＰＣ検索においてはこれもまた想像を超したあらゆるニュービジネス、ＦＣ加入など沢山のサイトがあり、そこに誘導があります。

某日、「何か自分のビジネスを立ち上げたい」と希望する若い女性が来社され、諸々の話をしている中に、彼女がこれまでの起業に関しての求めて来た情報収集の過程で、これは危険だと感じる話があったとのことです。それは起業の情報を検索サイトで調べている中に、怪しげな勧誘が混ざっていて、早く起業したいとの気持ちの焦りや、それにしても社会経験が少ないことによる情報不足などで、自分は大丈夫であるが、自分と同じ若い方が甘いワナに落ちがちなことがあるとのでした。

私も試しに検索サイトで調べてみると、「元手いらずで手軽に〝起業〟…」など、起業は安易、安直、費用がかからずと謳っています。要は**社会経験が浅く、未熟な、そして焦っている若い人たちをワナにかけて自分たちの利を計ろうとしている**だけなのです。世の中にはこうした悪質な連中がウヨウヨいて、クモみたいに巣を大きく張っています。美味い汁を吸おうとしている連中は、こうしてｎｅｔ上で餌食を待っています。

起業を考えるときには、このような現実も知っておく必要があります。

私はこうした実状からして**正しい起業の道程は、決して安易、安直でなく、普遍的な事柄を、一歩一歩大切にして進んでいく**志のある起業を強く勧め、悪質な起業サギのトラブルに引き込まれないよう警告を発してまいりたいと思っております。

起業の原点

二〇一〇年五月二十三日（日）日本経済新聞「文化」欄に、一九九八年に「果つる底なき」で江戸川乱歩賞を受賞し、作家デビューした池井《いけい》戸《ど》潤《じゅん》氏の「作家を目指すひとたちへ」という題での示唆に富んだ記事を目にしました。これは同氏が去年の乱歩賞の選考の最終予選の場に立ち会いの機会を得ての感想、意見でした。私はこの文章を読んで少なからず作家を目ざすための要点は、起業を目ざすそのことと、かなりの類似点があり、起業を目ざすこれからの人の視点で考えてみると「この作家を目指す」と、ほとんど同じであると気付き、この稿を書きました。掲載文より一部を引用してみます。ゴジック体は私が感じた類似点です。

> こうした登竜門を突破するためにはどんな小説を書くべきなのか、ということです。あるいは、どんな小説が求められているか、といいかえてもいい。
>
> **どんなビジネスモデル（テーマ）で起業していくべきか、マーケットがどんな商品、サービスなどを求めているかなど、先ず自分の答を突き詰める必要があります。**
>
> 職業作家になりたいのであれば、好き嫌いというだけの基準で作品を書いていたのではいけない。それでは作家に求められる要件を満たすことが難しいからだ。

第四十七話　№56　2010.06「起業アドバイザー便り」より

その要件とは何か？　ごく簡単にいってしまえば「新しい」ということである。（中略）求めるべきは、いままで誰も書いたことのない、もちろん読んだこともない、新しさのほうだ。作家になるためには、それを見つけることである。

かつてニュービジネスというキーワードがあり、次にベンチャービジネスとなった。これまでにない商品を世に出す、またサービスを提供するなど、「新しい」ことは当然です。旧来の商品やサービスに少々の工夫を加えただけのビジネスモデルでは、到底通用しない。かえってそれが命とりになります。

新しい小説を書け。その新しさは作者の興味、専門知識、関心。それを見つめ、膨らませ、影響を受けた作品のフィルターを外し、裸眼でみた自分の世界観を表現することこそ重要だ。

自分の過去、現在を見つめ、自身が何をもって起業するかのテーマの追求を常に意識し努めて来ているか。今後の世の中の変化の先にあるマーケットニーズの理解と把握など、どれほどの情報収集のネットワークの構築。事業家へのステップや経営実務の指導など、踏むべきことがらを自分の武器とするための精励しているか。多くを検討する必要があります。

こうしてこの一文を見てくると、作家も起業家も一朝一夕では、事は成らないということなのだと改めて思われました。そしてもうひとつ、ビジネスで勝利するには、やはり「後追い」ではなく「先行逃げ切り」なのだと痛感させられています。

咲くも散るも心がけ次第（三題）

二〇〇八年九月にリーマンショックがあり、今年に入りギリシャ、スペインなどユーロ圏の経済危機が逼迫し、今後の日本の景気を左右させる事態になりかねません。そのような環境下において、これから起業する人、創業仕立ての人は日頃何を心がけるべきか、その心がけについてアドバイスいたします。

一．始業は早く

まず最初は「始業は早く」という点です。昔から「早起きは三文の得」とあります。今でも実感としてスタートの早い一日は時間に余裕がありますから、考えも手作業をも含め丁寧かつ効率的な仕事が出来、その成果も大です。他方仕事に追われて、いわゆる「おっつけ仕事」で間に合わせていると良い結果は得られず、かえって信用を失ってしまったりします。私事ですが、ほんに小さな組織体であったときから、週始めの八時四十分から全体朝礼を実施して来ました。その前には、全員での社内清掃で、毎朝の職場環境も当然整備され、これは今日でも実施して来ております。事業は闘いだとの思いがありますが、参戦するに遅滞は敗戦を意味します。言うまでもなく、一日は二十四時間ですので、一時間当たりの密度の濃さが勝負の分かれ目です。早く出社し、早く帰り、限られた時間を有効に使うことこそ人生の達人になりうるのです。

第四十八話　№.57　2010.07「起業アドバイザー便り」より

二．規律正しく

次は「規律正しく」ということです。事業の成長、発展の可能性を考えるとき、企業の全体像としての規律の正しさがあります。そしてその根本とするところは社長、リーダーたる者の心がけ次第です。一事が万事と言われますが、公私ともに規律の正しさと重要性を認識しておく必要があります。この規律を社長・リーダーが考え違いをして、一度崩したら、また元に戻すには本当に大きなエネルギーが必要となります。多分それを機にズルズルと昼頃に出社の会社になってしまうでしょうし、その企業のその先は、悪い方に変化していくと思われます。創業まもない企業でも、また個人商店であっても、しっかり定刻に全員でスタートするという堅い決意が肝心です。

三．社外遊泳

もうひとつは「社外遊泳」の大切さです。起業を考えている人はかなり多くいます。しかし何をもってスタートしていくかという決定打を持っている人は、ほんの僅かです。また業態変革に迫られていて、次の一手を検討している経営者も同様です。昔から「情報は人に在り」と言いますから、外に出て適材の方にお話を伺っていくことがその手段のひとつです。飯のタネ（商売のヒント）は社内になく、外部の人が持っているのですから、社内でのデスクワークでの社内遊泳で市場調査や有用な情報が入るわけではありません。私はタウンウォッチングが趣味のひとつですが、街の変貌は、街を自分で歩き、我が眼で確認しなければ理解出来ないことなのです。

向上心を持った勤勉さこそ

私は、毎日男女問わず何人かの人と面談する機会があります。その人たちは、私として今日が初めての人も、逆に古い付き合いの人もあり、それぞれです。またその面談の内容も前向きな話や、そうでない話もあります。もちろん、出会いの妙の如く、大変刺激される方もいれば、残念ながらこれは時間の無駄だと痛感する人もいます。しかしながら私自身が今日のように年齢を重ねて、また、さまざまな人たちとの交流の中で、他の人に好感を持たれ、健全な永い付き合いが保たれるためには必須条件があると気付かされたことがあります。それは、その人が「向上心を持った勤勉さ」を持ち合わせているか、否かにあるのだと思えるのです。

人の考え、判断は生来的なものでなく、育って、また生きてきた過程で、自らが体で修得して来たものです。ポジティブ（積極性）に考え行動して、かつ、その行為を勤勉に努めていく人と接していると自分もその人からエネルギーをもらうことになり、「自分も頑張ろう」と意欲が湧いて来るものです。一方その逆としてネガティブ（消極的）な発言や、生き方そのものが前向きでない行動の人と接していると、自分までがいたずらに弱気になったり、冷めた考えになって来てしまいます。

人を奮い起たせ、勇気を喚起させるような人は、日頃の言動も含め、控えめで、何事にも真摯

第四十九話　№.58　2010.08「起業アドバイザー便り」より

な姿勢で仕事を追っています。私はそのような人と接したとき、その他を顧みず一生懸命にやっている様子に、この人と永い付き合いをして**生涯の友、人生の師として**接していきたいと願います。

若い起業を目ざす人と接してみて、私が先ず感ずることは、人との出会いがどれほどの意味をもち、自分の将来にその**「善の循環」**が及ぼすかをしっかり理解していず、そのための努力をして来ていないということです。初めての出会い（ファーストミーティング）の折に、他人の自分への評価（値踏み）が、次のステップへの展開の扉を開ける鍵（キー）なのだとの認識をしている人は多くはありません。その機会に自分が向上心を持った勤勉さを持ち合わせた人間であると、他の人に好印象を与えられるか否かは、大変重要なテーマだと思います。

ネガティブの人の話を聞いてしまうと、一刻も早くこの場を離れたいと思います。まるで悪性のバイ菌が付いては困るというふうに。

このように**人生を前向きに生きていくための努力をしている人に、常々接して生きていきたい**と願う今日この頃です。

起業する前に自分の棚卸しを

私自身が起業した当時のことを振り返ると、若く未熟さもあり、余り深く考えもせず、ただガムシャラに突き進み、目の前の課題に全力を傾けるだけを念頭に置いてきたように思います。それから十年程して、多少とも冷静に周りを見渡せる状況になってわかることでしたが、そこでわかったことは「経営という学問は学べても、経営そのものは学べない。経営は事上磨練（実際に行動や実践を通して、知識や精神を磨くこと）だ」ということでした。

そして現在では、本来の経営では知識として身に付けたことを、経営という現場で行動するだけでなく、思索と体験を基にした経営のコツを会得しつつ、高みに到達していくことだと理解させられております。ですからこれから起業、または起業したばかりの人は、余り起業したこと自体を「後は野となれ山となれ」と軽んじて、短慮な考えで物事を突き進めてほしくないと考えています。今のように時代も経済環境も大きく変化して来て、また情報過多の世の中で、ビジネスの在り方も同様に、昔流では全く通じないことも確かです。しかし、起業する際に自分の棚卸しをして自分の有り様をしっかり確認しておくことは、昔も今も変わらず、その必要性を強く感じます。棚卸しとは「自己観照」のことで、自分自身が、あたかも他人に接するような冷静な眼で、外から自分を観察してみるということです。昔からの箴言「汝自身を知れ」の如く、自分の「強み」

第五十話

№.59　2010.09「起業アドバイザー便り」より

「弱味」を知ることは大切です。そして、これまでの自身の生活態度、生活習慣ともいうべきベーシックな次のような事柄は、**事の成功と失敗に大きく影響しますのでこの際自分を冷静に見つめ直し棚卸しをしてみて下さい。**

一．起業前には何をもって起業するかという問題意識を、起業したては継続意識を常々持って、そのための全方位の情報収集を惰らない。（情報収集活動）

二．円満な人間関係の形成のための自分の魅力づくりと、人のためのサービス精神の発揮。（人脈ネットワーク構築活動）

三．現在と今後に進むべき分野の知識・技術など専門分野への探究心と、展開力の模索。（深思遠慮）

四．市場や顧客ニーズの動向をマクロ面、ミクロ面でリサーチしておく。（マーケットと時流の調査活動）

私が親しくしている、自ら起業した人との交流の中で、彼等の声として共通していると感じたことは、一つに「起業前後に人に恵まれていた」との感謝の言葉があったこと。次に、自身が常日頃「**物事を深く、幅広く、考えることの直感**」を大切にして来たということでした。

二十〜三十代半ばまでは、インベストメントキャリア（自己への投資）に重点を置いた、心身ともの大いなる行動が求められているのです。投資（インベストメント）がなければ見返り（リターン）が無いのは、どこの世界でも当然のことです。

再び健康こそ

当起業アドバイザー便りも本号で60号となりました。この間の五年の歳月など、まさに「光陰矢の如し」でアッという間に過ぎたというのが実感です。弊社のビジネスモデルのひとつに、外部企業とのジョイントベンチャー事業（他社の持つ経営資産を利用する、もしくは自社の経営資産を他社に利用させることで、当事者双方の事業上の発展を狙う戦略的提携）があります。細かくは省略しますが、提携先はある業種においての狭い業域を深く掘り下げて「読み・踏み・決め」のノウハウを豊富に持った企業です。去る七月半ば頃、その提携先の社長より体調がおもわしくないので検査入院するとの電話がありました。この間ビジネスの連絡は電話で済ませて来ましたが、酷暑もようやく峠を越えた九月中旬、ご本人が「本日退院しました」と挨拶に見えました。お話を聞いてみますと、食道ガンで、近日中にまた再入院し、十一月に手術をするとのことでした。そして、日頃のご自身の健康管理はどうしていたのか、との私の問いに、六十才になろうとしている現在まで体力には自信があったとのことで、定期検診（人間ドック）や病院に行ったことがほとんどなかったとのことでした。このことをもって私は事業をしていくうえで、自分自身の健康管理（病気やケガをしない心配りや努力）をしっかり実行することの大切さを改めて実感しました。社員のことも全く同様で自他を含め徹底して来ましたが、よもや事業パートナーも全く同

第五十一話　№.60　2010.10「起業アドバイザー便り」より

様と考えが及ばなかったことに直面し、大いに反省しております。

古い話しになりますが、創業して多少とも先が見えた一九七八（昭和五十三）年八月に社員を病で失ったことで記した文章があります。

健康こそ　一九七八年九月（昭和五十三年）

例年にない厳しい夏でした。雨もなく乾いた日の連続でした。甲子園決勝戦の日、社員一人を病いで失いました。自分の母校が甲子園出場と決まるや、東京の世話役として嬉々として電話で先・後輩との連絡をしていた姿が最後で、いま全く彼がこの世に存在しない事が不思議ですらあります。

〝健康こそ〟お得意様のご要望に応える基であることを社員一同ここに再認識させられました。

私はこのことを機に、人の生命の危うさを痛烈に知らされまして、以後、健康が第一と周囲に呼びかけてまいりましたが、このような落とし穴があることを今回初めて知らされました。

起業する、事業を継続することの先ず重要課題は、自分と関係者の健康と無事なのだと思わずにはおられません。

人脈の真の意味

昔から**「情報は人に在り」**との意識を持ち、**円満かつ秀逸な人間関係**を構築すべく努めてまいりました。それ故に日常において、仕事でも生活の場面においてもスムーズな人間関係を作り出し、心丈夫に感じたり、心の温まりを感じるときには、これは正に**人間関係こそパーソナルキャピタル（自分資産）の極み**だと思わずにはおれません。最近若い人たちと接していて、この人間関係を「人脈」と称して、人脈が豊富とか人脈が有る無いなどの話しがよく出て来ます。しかし、単なる友人関係に過ぎないような人間関係が果たして「人脈」と言えるのでしょうか。ここで「人脈」というものをなるべく簡単に解きほどいてみます。これは要は信頼関係が出来ている相互の関係です。これは単なる友人関係は該当せず、当然、人数を言うのではありません。ですから友達が多いから人脈があるという話ではありません。とくに人脈と強調する場合はビジネスを展開するうえで、有用かつスペシャル（選ばれ優れた）な人のことを言い、このことはビジネスの成否を左右するほどの大きなファクター（要因）となるのです。例題に沿って考えてみましょう。

Aさんの経営する会社は外国産ワインの販売会社です。今年新たにイタリア産有名ブランドのワイナリーと販売契約をしました。そこで販路開拓のため試飲会を催し、この方面に影響力のあるエンドユーザーに参加して頂き、出来れば参加者に五本程購入して頂きたいと友人のB、Cさんに各自十名の方にお声かけをお願いしました。

○紹介者へ依頼

ワインの試飲会に参加して頂き、気に入って下されば5本程購入できる人を紹介して下さい。

○結果

	紹介して頂いた人数	試飲会参加者	ワイン購入者	販売本数
Bさん	１０人	1人	1人	2本
Cさん	5人	5人	5人	２５本

Aさんは試飲会の会場でBさん、Cさんの紹介者の方と挨拶、名刺交換をしました。Cさんの紹介された五人の方は皆さん大変なワイン好きで話もはずみ喜んで購入して下さり、他にも宣伝して下さるとのことでした。Bさんからは十人の方に紹介したとリストとともに報告を受けましたが、残念ながら参加者は一人で試飲会も義理で来場しているようで、早々に帰りました。Cさんは自分が紹介する段階になり、Aさんの依頼の主旨（目的）をしっかり理解し、ワイン好きで新しいものに興味を示すであろう、パーソナルな情報（人間の思考と趣向）をしっかり摑んでいて対応して頂いたのだと思われました。これまで以上にCさんの心づかいと人脈の確かさを理解でき、その誠実さと実行力に感謝して御礼状を出しました。ここでもわかると思いますが、事に及んで実体（成果）が得られない人脈は、気の抜けたビールのようなもので、価値を認められません。結論的に言えば**人脈とは数でなく質（実力）の問題**なのです。

「人《ひと》儲《もう》け」

例年十二月になると、今年一年がどのような歳月であったかを顧みる機会が増えます。言うまでもなく、事業の目的のひとつに「利益の最大化」がありますが、他方そのことに関しての先々のことを踏まえた人間関係の拡充は欠かせない条件だと思います。この観点からすれば、私のこの一年は例年に増して「人　儲け」が出来た年であったと充実感を感じております。

ここで言う「人　儲け」とは何かと申しますと、それは**価値ある人との出会いが成されたとのこと**で、これは決して人の数のことを意味しているわけではありません。ビジネスやプライベート上で、教えられ有益だったこと、啓発されたこと、癒されたことなど、私自身にとって多様で良好な効果を得られたことを意味しております。ですから今年は特に外に出る機会を得て新たな人との出会いと、これまでのお付き合いの人との、より深い交誼の機会に恵まれたことなどからして、良き一年で幸せなことだと思っています。

当然ながら老若男女の方々と会合などで数多くの出会いがあったわけですが、その折に「この人は人柄もよく、実力もある素晴しい人」と感じた方とは、自然な形として必ず縁を結ぶことが出来ました。

また、友人が私に是非紹介したい人がいるからと、お連れ下さった方も同様です。

第五十三話　№62　2010.12「起業アドバイザー便り」より

とくにイスラエルとのビジネスに精励して、かつ美術関係にも詳しい方、銀座のオフィスで多方面に活躍する美容家の方、販売・セールスの手法とその実績を持った人、美大出で画廊に勤務し、その方面に見識のある人など枚挙にいとまがありません。それもこれもいつものことながら、これらの出会いに受身にならず、与えられた機会を積極的、冷静に対処して来たことだと思っております。

私のように若くして田舎より上京し、東京で根を下ろした人間にとっては、何にも勝る人間関係を大切にし、とくに誠実な態度で、事に臨んで来た結果だったと、そのように思います。

その根拠は、いつの世でも、人間は「向学心」「向上心」を基にして、円満な人間関係を構築するための努力と、それを大切にする気配りと謙虚さを持ち合わせて努めていくしかないと思われてなりません。

反面、こうした努力しないで「人　貧乏」でしたら、なんと寂しい人生であろうかと思います。やはり、お互い常日頃から意識して「人　儲け」を心がけたいものです。

人の引き出し

二〇一〇年十月二十七日（水）を第一回とする「千代田ビジネス起業塾」が、去る十二月十四日（火）を最終回とし、全六回を無事に終了となりました。老若男女十三名が受講されましたが、この十五講座を通して私が担当した講義の核心は「事業は人が成す行為であるから、円満な人間関係を継続していく心がまえが重要」であり「常に謙虚さ、ｇｉｖｅの精神で臨んで欲しい」ということでした。起業する前の知識なり知恵なりを疎かにして、起業をスタートさせ、その後始末に苦労している人は数多く存在しますので、しっかりこれらを身につけてスタートして欲しいと願ってのことでした。とくに、この間、私が強調して来たことは、受講生がどのようなビジネスモデルを展開していこうが、その底辺にあって忘れてはならないのは「円満な人間関係の構築」ということでした。これらのことは、私が永年痛みを伴なう経験から学んだことで、事業の展開にとり人間関係ほど大切なものはないということ。自分の知識や知恵だけでこの世の中で事業をしていくことは無謀であり、世の中はそれほど甘く、底浅いものではないと話を致しました。人に好かれること、人に嫌われることの因縁果は必ずありますので、ビジネスの進展の要因はこの足許の人間関係にあるのだと何度も反復して伝えて来ました。最近の例として、過日、仕事の関係の方から礼状が届きましたのでポイントのみ記します。

第五十四話

No.63　2011.01　「起業アドバイザー便り」より

貴社に伺いお仕事の打ち合わせのなかで、来年一月早々のイスラエル・ツアーをご披露申し上げたところ、即座に当地のスペシャリストである都内の某社の代表のE・S様をご案内いただき、また同氏にメッセージをしておきますと同時に、メールアドレスまでご提示いただきました。帰宅して早々、E・S様に自己紹介とエルサレム・ツアーの内容をメールさせていただきました。塩原さんのご紹介であればと、すぐにご引見が適い、E・S様から多くの貴重なお話を賜ることが出来ました。また、お打ち合わせの場として、御社の会議室を使用させていただけるという温かなお心添えをいただき、本当に有難うございました。会社のトップ、またその分野のスペシャリストとの出会いがいかにビジネスの成否を決定するか。引き出しに仕舞っておいた人脈を、ここぞという時に、自分に、また相手に対してもスピーディかつタイムリーに引き出せる能力こそがビジネスの力となり、またそれが真の人脈であることを、身をもって学ばせていただけましたことに感謝の念で一杯ございます。微力な私に塩原さんの大いなるお力添えをいただきましたことを肝に銘じ、なお一層の努力精進を誠心誠意して参る所存です。自己のステージをより高く、より広く盤石なものとするには、いただきましたご縁ひとつひとつに真摯に向き合う素直な心を持ち続けることがいかに大事なことであるか、肝に染み入りました。

（N生）

礼状を下さった方は、何事にも一生懸命、かつ常に前向きな方で、常日頃私も感心して接しておりました。日頃より、**周囲の方に自分の考え、姿勢を認めてもらう誠実さ、謙虚さ、健気さは決して忘れてはならない**ことなのだと、これから起業する人に理解して欲しいと思っております。

時代を味方にし、それに先駆けられるか

どのようなビジネスや事業を興すにも、その背景となる〝時代〟というものに合致や時代が味方することがなければ、成功を掌中に出来ないことは周知のとおりです。新年に年賀状を頂いた尊敬させて頂いている先輩の事業家の方の文章にも、良き時代に事業をスタート出来、継続して来られた。そして自分の年齢では、今の事業をどうしても長期的でなく短期的視野になりがちとありました。私も深くうなずくことですが、弊社のスタートもその時代、あの時であったからこそ順調なすべり出しが出来たのだと思われます。すなわち、時代に適合した起業だったことで、幸いなスタートが出来たのだと思っております。つらつら考えますと現代のような時代のビジネスには必要不可欠な、ネットやＩＴ技術が新規事業開発には大きなファクター（要因）となることは誰しも認めるところです。ちなみに過日、映画「ソーシャル・ネットワーク」を鑑賞しました。書店でもその原作の翻訳本が平積みされ大変な好評とのことでした。ＹＡＨＯＯ映画ガイドより要約して引用してみますと

■解　説　世界最大のＳＮＳ「Ｆａｃｅｂｏｏｋ」誕生の裏側を描いた伝記ドラマ。ハーバード大学在学中にＦａｃｅｂｏｏｋを立ち上げた主人公たちが、一躍有名人となり巨万の富を築くも

第五十五話　№.64　2011.02「起業アドバイザー便り」より

のの、金や女、裏切りの渦に巻き込まれていく様を映し出す。
■あらすじ　2003年、ハーバード大学の学生マーク・ザッカーバーグは、学内で友人を増やすためのサイトを親友のエドゥアルド・サヴェリンと共に立ち上げる。サイトは瞬く間に学生たちの間に広がり、ナップスター創設者ショーン・パーカーとの出会いを経て、社会現象を巻き起こすほど巨大に成長していくが……。
■映画レポート　世界最大のSNS（ソーシャル・ネットワーキング・サービス）を生んだ若き創業者の内面に迫る本作は、導入から大胆不敵。彼女に振られた腹いせに、女子の品定めサークルをネットに立ち上げ、やがてそれが「フェイスブック」へと成長していくことを示唆するのだ。モテないオタク青年の妬みと、それでも繋がりたい願望が巨大な社交場のツールであったという視点は説得力に富んでいる。数億もの人々を繋いで億万長者になった起業家は、ここではコミュニケーション能力を欠き、全能感を抱いた未成熟な子供同然。リアル社会で名誉や利益をめぐって、仲間にさえ離反される悲哀が縦軸なのだ。（以下略）

この映画には、**ニュービジネスの誕生から、それに続く狂気と集中の開発時期、周囲からの開発ヒント、資金繰りに窮しての出資金の募集など、多くのテーマ**が盛り込まれています。成功期、持株比率、契約書作成の落し穴、仲間割れ、訴訟闘争、金で解決など、ビックビジネスの成功のプロセスに起こるさまざまな事例。時代を開く、多くの起業と事業経営に関する教訓が内在されています。これから起業する人、起業仕立ての人には大変参考になる映画で、是非ご覧下さるようお薦めいたします。

人との出会いは必然性を帯びた偶然

某日の夕方、長年親交のある畏友Tさんから少人数での会食の席にお誘いを頂き、出席しました。いつもながら多方面で活躍の方や、一家言をお持ちの方などが集まり、賑やかな会食でした。全部で六人の中に三十才代の一番若い人がおり、話では、その人とTさんと同郷で、本人の小さい頃から目をかけられていたという方がおりました。会食に入る前に挨拶をして、名刺交換をする機会がありましたが、その若い人は「名刺は持参していません」と、悪びれず言っておりました。以前にも、ある会社の新発足の披露パーティーの席で、若いビジネスマン風の方と名刺交換することになり、こちらから挨拶をして名刺を差しあげましたところ、同じようなことがありました。それでも大人の考えで「後日、名刺を郵送して下さい。」と申しましたら「ハイ」と返事がありましたが、その後、そのことは実行されませんでした。そのときは、今時の若い人は、このような外部との人との出会いの折は、名刺を持たない、渡さないのが当世流なのかと短絡的に思ってしまいました。

会食は進み、若い人は、期限が迫る地デジのアンテナ工事で年中無休ですと、話題のひとつとしておりました。そこでこの人は電気工事の関係の人なのだと私は理解しました。そしてTさんとの二人の話しの中で、将来は必ず起業するのだと申しておりました。その話を聞きまして、ひ

第五十六話

№.65　2011.03　「起業アドバイザー便り」より

と言、老婆心でも伝えたいとTさんに断って話しをさせて頂きました。

「貴方は若く、これから起業したいとのことですのでお話しさせて下さい。Tさんも私も地方から上京し、起業し、まがりなりにも事業を継続出来て、今日があります。ここでは自分のことしか言うことが出来ないですが、私が今日があるとするこの根本は、全てという程、円満な人間関係が構築出来たからでした。他人との付き合いに対し私は努力もしましたが、一方、幸いなことに、私は恵まれていたと思います。**「人生はめぐりあい」**との言葉がありますが、誰しも、自分一人では何も出来ないのだとの思いは深いのです。その初めてのめぐりあいの席で、これから将来起業したいとのことを言っておられましたが、名刺交換して、自分はこのような者ですと、**他に伝えられないことは、全くのところ機会放棄**するようなものです。また**礼儀として弁えのない態度**だと思います。このような、会食なり、パーティーで人とめぐりあう機会は、昔から「人との出会いは必然性を帯びた偶然である」と言われてきました。貴方が起業するのだとの話がなければ申し伝える話ではありませんが、Tさんの与えてくれた折角のチャンスを活かさないのは…」と言いました。

翌週の月曜日に筆文字の封書が届きました。

「十八日のTさんとの会食にては御世話になりました。御縁を頂き光栄に存じます。また、名刺をお渡し出来ず恐縮至極でございます。」（以下略）

名刺と正確な連絡方法が示されておりました。時には、若い人の勘違いや知恵足らずに対し、是正の苦言をあえて伝える。これは私のこれから将来を目ざす人への愛情の表れなのです。

そして当人にとって必ずや有益なことだとの私の信念には揺らぎがありません。

会社の危機管理

二〇一一年三月十一日(金)十四時四十六分頃に発生したマグニチュード(M)九・〇の大地震と、その後の大津波、そして福島原発の破壊における放射能トラブルなど、我が国はあらゆる領域で未曾有の重大局面に立たされています。

関係者たちが全知全能を傾けて、今回の空前絶後の大惨事に立ち向っている現場の様子をTV映像で見ていて、複雑な気持ちにさせられます。大きくは国家や原発会社、また私たちのような中小・零細企業経営者も含め「危機管理」という重い課題を、これほど如実に眼前に、現実として突き付けられて、これまで、意外にこれらのことを安易に考えていたと、反省しなくてはならないと痛切に感じています。

今回は千年に一度と言われる巨大な大地震という、地球上の自然現象が元凶ですが、M九・〇の大地震、海抜五十メートルの高さの津波、それらの複合的破壊力による原発の設備の損傷など、これまで専門家が想定して対策を講じて来た諸々の事柄を、いとも簡単に超過して大きな被害とさせてしまいました。またこれらが及ぼす社会的現象として、計画停電における交通機関の混乱、ガソリンなどの不足、生活用品や食料品等の買い増し、買いだめなど、これまでにない社会現象が急速に発生してしまいました。

第五十七話　№66　2011.04「起業アドバイザー便り」より

誰がこれら一連の事態を想定出来たでしょうか?。

私はこれを機に、当「起業アドバイザー便り」の二〇〇七年二月の第十五話の「リスク管理」を改めて目を通し、この度の東北関東大震災の発生と、その後のさまざまな社会現象等々を考えてみますと、四年前に考えていた会社の危機管理について、ほとんど想定にない出来事が眼前にあるのだと知らされます。

人の知恵とは、所詮、かつて発生した事態をベースに構築されるものであり、国家も企業も「不測の事態を想定」して対策を講じていく訳ですが、今回の学習効果を得るための授業料は本当に高いものについていると思われます。

かつて私も、これまでの風水害も含めた災害の折に、**自分の会社は自分で守る**ことの責任を自覚し、「過去の災害から何かを学ぶ」「常に不測の事態に備えよう」として来ましたが、今回の大震災を機に、改めて自分の企業にとって、今まで以上に**「不測の事態の想定とその対応」**を全社的に論じ、対策を講じなければと心に期しております。

末尾に、私はじめ、弊社への被害など、影響が軽微であったことを、何よりも有難く幸いなことだと思い、被災地への義援金を日本赤十字社を通して寄付させて頂きました。

不作為《ふさくい》を嫌う

不作為とは自ら進んで積極的に行為をしないことです。ある事象、すなわち現実の出来事が自分の目の前に現われたとき、自らが何ら反応せず、様子見している消極的な態度の事を言います。

現在の私達の日常は、東日本大震災における先が見通せない原発事故の影響と、未曾有の被災下にある東北地方の悲惨な有り様に胸を痛め、自分は何を成すべきかを考える毎日です。

このような中、私は去る二〇一一年五月十八日（水）十八時三十分より、第一回「三水交歓の集い」を会費制で企画開催し、盛会裡に終えました。その意図とするところは次の通りです。

昨今の日本は、東日本大震災での地震・津波・原発事故の三重苦の世の中で自粛ムード一色です。最近では、この何事への自粛しての「引きこもり」が、かえって被災地や我が国のためにマイナスになるとの認識になってまいり、難しい判断の毎日になっております。

そこで、私たちが自ら出来る事をするとの考えで、日頃諸事情でなかなかお会い出来ない方も含め、交歓の集いを催し、この機を活かし、従来以上の親交を深められたらと念じ、この集いを企画いたしました。当面の自粛ムードが治まるまで、毎月第三水曜日に交歓する会を続けたいと思っております。

当趣旨にご賛同下さり、ご参加を頂きますれば幸いです。

第五十八話　№.68　2011.06「起業アドバイザー便り」より

閉塞感を打破すべく、何か自分で出来る事を、速やかにしなければならないとの思いからでした。当日七名の方とレストランの個室で会食をご一緒しましたが、大変盛り上がり、有意義なひと時の中、この消費を通して、多少とも社会に対しプラス要因に貢献出来たかなと考えました。

私は幼い頃から人に指図されることは恥だと思って、何事も「感じて、構想し、行動する」ことを常として来ました。それは何か事が起きたときには、受身にならないで、積極的に何事にも取り組み、その状況を好転させようとの考えから来た行動でした。ですから、初めて就職した職場も同期生の中では、いち早く転職し、自らの責任を全うすべく起業しましたのも二十代半ばでした。その後、紆余曲折がありましたが、私の人生も今日〝起承転結〟の〝結〟のゾーンに入って来たことを意識しておりますが、振り返ってみて、誇りに出来るのは、何事においても不作為であってはならないとの強い克己心と自律心を持続して来られたことだと思われます。

○自らの人生は自らが切り開いていくしかない。
○自らの喜びは自らが作り上げていくしかない。
○何もしなければ何も生まれない

起業する人、リーダーになろうとする人は、日頃から「**感じて、構想し、行動する**」ことを、自らの習性にしていくべきだと思っております。

これは**人が成長して生きていくための真理**ではなかろうかと思っています。

背水の陣

夏の某日、前週にアポを受けたE嬢は来社されました。六〜七年前頃より弊社の不動産関連事業において、同業他社十社程と情報交換の定期的な会合を持ち、私もいろいろ勉強させて頂きました。その中に彼女が参加されて、メンバーの皆に好かれ、いわばアイドル的な立場の人でした。私はその会合にはしばらくして出席しなくなりましたので、おおよそ五年近くのブランクがありました。お話を伺いますと、前の職場を退社、これまでの十カ年程の実務経験を基に、不動産の売買仲介をする都内の城南地域の会社に完全歩合の社員として、ここ二カ月位前より勤務しているとのことでした。

言うまでもなく、完全歩合とは、たとえば売買取引が成約されて、初めて収入が得られる雇用の形のことですが、現在の不動産市況下では、たとえベテランの営業員でも、そう容易にその状態が作り出せるとは思えません。活動するための交通費、資料入手の費用等、全て自前で処理していかねばなりませんので、たとえ独身で身軽の立場とはいえ、やっていけるのかな？　と大いに心配になりました。私は「貴女の今の立場は起業することと同じで、背水の陣でやるしかありませんね」と伝えました。そしてその背水の陣とは、川を背に陣を布き、兵士達に退路が無いことを知らしめ、それ故に**決死の覚悟で前の敵にあたり、勝利に導く戦法の言葉**だと教えました。

第五十九話

№.70　2011.08「起業アドバイザー便り」より

私はかつて大企業、中小企業のサラリーマン生活を経て、商売とはどのようなことなのかと素朴な疑問から、年配者と共同経営の形で起業しました。その時期には、それこそガムシャラに前へ前へと突き進んでいた頃で、肉体的、精神的にも大変過酷でしたし、資本金も僅かでしたので六カ月程は無給でした。私は独身でしたが、パートナーは妻帯者でしたので、しばらくして音を上げました。誰しも生活するには資金が必要ですから、私はそのことは当然なことだと思われました。そして、ようやく先に微かに光明が見出され、収支がとれるようになったのは、一年近くの時が経過しておりました。

四十数年前に私が経験した、あの胸突き八丁の苦しかった状態を、彼女が今後耐えて、超えられるかは、本人の心がけと努力と運の有る無しかも知れませんが、ともかく自分の夢に挑戦しようとスタートしたことに立派だと思う一方、心の底から所期の目的を達成して欲しいものと願わずにおられません。

自分の若さと情熱を信じて第一歩を踏み出した訳ですので、私としては出来る限りの助言と助力は惜しまずに応援してまいりたいと思っております。

ビジネスにおけるセンスとは

私たちはよく人を評価して「あの人はセンスがある」または反対に「センスがなくダサイ」などと、日常会話の中で意識しないまま使用しています。

最近ある雑誌の対談の中でキーマンが「経営はセンスだ」と言い、参加の他の経営者も同意しておりました。記事を読んでみて、ここで言うところのセンスとは**「鋭敏なる感覚」**のことで、時代やある事象の変化に気付き、感じ、そして先手を打っていくべきとありました。ですから経営トップが昔から言われている**「読み、踏み、決め」**の洞察力、実行力、決断力は当然のように身に付けておくべきだとしています。

また、このセンスとは、生来その人に備わっている能力や与えられて来た環境のようなものが源泉で、即ち、それは生来的なもの、プラスアルファーだと断じていました。

私の事務所に起業した方が相談に来社される折に、必ず「貴方の両親のお仕事は？」と質問いたします。これは先ずその方の生来的なもの、家庭の環境など、かなり重要な起業のファクターになると考えているからです。また、両親が何かの商いをしていて、忙しく、また逞しく働いている姿を見て育った方は、起業のスタート時の大切さを細々話さなくともよいからです。

第六十話

No.72　2011.10「起業アドバイザー便り」より

一方、パナソニック（旧 松下電産）の創業者の松下幸之助氏のビジネスに関する著書の「物の見方　考え方」の中で、どんな人も目的（ここでは経営や営業活動）に向かってしっかり精進していけば必ず道は拓ける、だからひたむきな努力をすべきと説いています。

そこでセンスとは個人の生来的なもの、またはその人なりの努力・精進の結果なのだと考えが二分されます。私の考えはこの問題は二者択一ではないのですが、経営のセンスというものは、「商才」とか「商売上手の感覚」のようなもので、半ば生来的なもの、またはひたむきな精進で自分を磨いて来た努力の結果が半分ではないかと思います。

事業に成功した方のほとんどのコメントは「運がよかった」とありますが、根底にある事柄は大きな意味で「生来的なもの」「与えられた環境」「努力・精進」の結合の結果なのだと思います。

私は持論として「人生の勝者は、自分の志として、本来目ざすものに早く気づき、そのための努力を継続した人」と若い人との対話では話して来ました。ですからビジネスのセンスの第一歩とはこの**「気づきと努力」**のことではないかと思っています。

自らの模範ロールモデル（role model）を持つ

二〇一一年十月の土曜日（一、八、十五日）の三週に亘り、夜九時より、NHK TV土曜ドラマスペシャル「神様の女房」を見て本稿を書きました。ここでの神様とは、昔からよく言われて来ました経営の神様との異名をとった、パナソニック株式会社（旧松下電産）の創業者であった松下幸之助氏（一八九四年〈明治二十七年〉―一九八九年〈平成元年〉）のことです。

ドラマの構成は彼の生いたちから幼少の頃の丁稚時代、結婚し大阪電燈の会社勤めから創業、戦中の混乱期、戦後の発展期に妻のむめのさんとの二人三脚での家庭と事業の経過に視点を置いたストーリーでした。原作は高橋誠之助著、ダイヤモンド社から「神様の女房」もう一人の創業者・松下むめの物語として刊行されています。松下幸之助氏は、事業の他に「PHP研究所」「松下政経塾」を開設し、戦後の日本を代表する実業家の一人と数えられていることは周知の通りです。

私は学生時代、サラリーマン生活、そして起業して現在まで、同氏の数々の出版物、DVD等々、他の方よりかなり多く愛読して学んでまいりました。ですから私個人の生き方、事業経営者としてのモノの見方、考え方はこれらの資料からの影響を多とするところです。それ故に同氏を自らの模範（お手本）とし、即ち私のロールモデルであると認識してまいり、何かの折や、事あるごとに、彼であればこの局面をどうするであろうかと模索したものです。

第六十一話

No.73　2011.11「起業アドバイザー便り」より

ロールモデルとはネットで検索しますと**「具体的な行動・技術や行動事例を模倣、学習する対象となる人材」**とあります。

昨今の時代の流れと変化は、私たちの想像をはるかに超えて速くなっています。ですからこれから起業する人としては、模範（お手本）は、かつての立志伝の中の松下幸之助氏であるはずはないのです。去る十月五日に米企業・アップルの前ＣＥＯ（最高経営責任者）スティーブ・ジョブス氏が亡くなりました。独創的なＩＴ製品で世界を変え、享年五十六才という若い巨人の死を誰もが嘆き悼みました。現在、書店にはジョブスの公認伝記が山積みされております。その伝えられる情報を身近に理解して、自らのロールモデルとして行くことも大切なことだと考えます。

このことを踏まえて今から思いますに、私の起業の七〇年代（昭和四十六年）から十年間、社会のニーズや経済の背景は全く「短、小、安」であったからこそ成りたったのかもと思います。そして時代の変化とともにロールモデルは当然の如く交代していくことだと思います。

及ばずながら私も新たにスティーブ・ジョブス氏との有名なスピーチの締めくくりの**「貪欲であれ、愚かであれ」**のフレーズの真髄を勉強してまいりたいと思っております。

「己を知る」大切さ

去る二〇一一年十二月十三日の一般社会人向けの「千代田区ビジネス起業塾」に講師として一時間程の講義を受け持ち、受講生が自分の起業についてどう考えているか、二つのタイプに区分されると気付かされました。

ひとつ目は、自分自身は起業をしたいが、何をしたいのかわからない。でも何かがしたい。しなければと思っているが自分の成功とは一体何か。自己表現、自己実現であれば、それはどのような状態なのか。そして自分の実力はどの程度なのか。

ふたつ目は、自分自身が何を成すべきなのか、何をしたいのかおぼろげながらはわかっている。または何らかの状況下において、やるべき事、したい事がおおよそ決まっているが、どのように思考し、実現したらよいのか、何に注意すべきなのか皆目わからない等だと思います。

これまで起業塾を通して若い方や一般の方の話を聞く機会には恵まれて来ましたが、初めから漠然と「何か商売をしてみたい」との考えの方、「このようなビジネスをして行きたい」との具体的なプランを持った人との二通りがあることは承知していました。

そこで当日のテーマ①を「自分という人間は？」自己観照してみると致し、プロジェクターで解説しました。要は自分自身を、冷静、かつ第三者的見地からチェックしてみようとする意図です。

第六十二話　№75　2012.01　「起業アドバイザー便り」より

自己観照をしてみる（チェックしてみる／大いにある○　まあまあある△　ナシ×）
①学力・語学力（外国語）・知識ナシ　②人間関係ナシ
③先輩・知人ナシ（同じ道をたどってみたい先輩・知人）　④技術ナシ
⑤世間を渡るノウハウナシ　⑥貯金ナシ　⑦まともな職ナシ

テーマ②は「先ずは、自分の棚卸し（あなたの能力？）」で自分のスキルの把握のチェックです。
自分のスキルの把握（チェックしてみる／大いにある○　まあまあある△　ナシ×）
①考え方×能力×意欲　②年齢・体力・人生経験・勤務歴　③長所・短所
④他人から見た魅力／欠点　⑤人間関係構築力　⑥情報収集力・行動力・表現力
⑦興味をもっていること　⑧休日の過ごし方

誰しも自惚れがあり、言葉では**「自分を客観的に見てこうだ」**とは明言出来るとしても、実際に本当に、正しく自身をわかっているとは言い難いことだと思います。でも自分の長所を他の人にわかって頂ける努力をしつつ、自分の欠点を押さえ込み、**人間力を養う努力は**起業を志す人のみならず、社会人としては、普遍的な事柄です。

これから大海原に出航する小船のような起業する人にとって、心底**「己を知る」ことの大切さ**は、先ず第一義的なことなのだと私は熱意をもって解説させて頂きました。

情報人間になろう

税理事務所を開業している友人との話で、所員の勉強意欲の低さを嘆かれたことがあります。ある製薬会社の税理と併せて経営指導の業務を、所長である友人から引継ぎ、一年程経過しているにもかかわらず、当人が当該会社が位置している業界の環境や、顧問先の過去と現在、そして今後の展望などの情報を全く収集して理解しておらず、ただ単に数字上のことのみに拘っていると不満を述べました。事務所の本来の目ざすところは、顧問先の事業会社の経営指導とコンサルティング業務ですので、所員のレベルアップのため今後の指導の徹底をと話しておりました。

この話はコンサル業務だから情報の収集と理解は何より大切というわけではなく、私達のビジネス、生活、人との交流など、全ての事柄に、より効果的な成果を期待するのであれば、そのベースとなる日常的情報を自分のものにしておくことの習慣化は当然なことです。そのような情報はTV、新聞、雑誌、専門誌などの情報媒体やPC検索で、日頃より広範囲の情報を意欲的に収集する姿勢が大切です。情報収集は、次のようなことが挙げられます。

①日頃TV番組の何を視るか ②ラジオ番組の何を聴くか ③活字媒体（新聞・雑誌・情報誌）は何を読むか ④文化活動（映画・美術館・デパート）トレンドリサーチにどこへ行くか ⑤パーソナルコミュニケーションとして誰に会うか。

第六十三話　№.76　2012.02 「起業アドバイザー便り」より

よくあの人は情報人間だと認められ、仲間うちで尊敬の念で見られている人がいます。私たちは、その人と接して彼から伝えられる情報（out put）の正確さ、深さ、鮮度を自分のための「お役立ち情報」としてしっかり捉え、そして感謝の念とともに自分のビジネスに活かし、今後とも継続的に接する機会が続くよう期待します。彼は日頃から「情報の out put は収集（in put）が大切」と事もなげに言っています。

ここで情報について考えますと

①広く伝えられる情報は information（インフォメーション）と言われ、一般的な媒体やＰＣ検索からでも入手できます。しかもその範囲は広く、また余り価値としては認められません。しかしかなりの根気と習慣性が求められます。

②限られた範囲にしか伝えられない情報は intelligence（インテリジェンス）と言われ、個人が持ち合わせているパーソナル情報です。これらの価値のある情報（ビジネスに有効で、表に出ていない情報）は、昔から情報は人に付くと言われて来ました。ですから情報人間と言われ認められている人のところに、人は集まり、また情報も集まることになるのです。

③情報のプロと言われる人は、あたかも漁師のように「広く浅い巻き網のような網」と「狭く深いトロール船のような網」を常に一定の場所に張っていて、常に目指した情報が引っかかるのを待ち構えています。情報人間になるにはそうした日頃からの心構えが必要です。

私たちは常日頃情報と言うものの価値を認め、間断なく真に自分にとって価値のある情報の収集に努めていかねば、**時代やビジネス上において優位的な立場に**立脚することは出来ないと思います。

シニアの起業

これまで私のライフワークとしての起業家支援や起業塾では、主として若い方にフォーカスを当て対処してまいりました。その理由は、私自身の実体験として起業すること、事業を継続して行くことの根幹に、**当人の気力と体力が欠かせない**、という要因が多であると思っていたからでした。

今から四十数年前の私の起業は、今ほどの社会環境や、公的支援制度もなく、振り返って見ても全く無謀の極みであり、ただ運が良かったのだという思いとともに、「もし失敗したら」との冷汗三斗の思いに駆られることがあります。ですからそれらの現在の公的組織体の起業塾や創業セミナーでの研修や講座などを知るにつけ、起業するには良き環境の時代になったものとの思いがあります。

私は去る二月十九日（日）に公益財団法人　東京都中小企業振興公社主催のシニア起業家コース（五日間）のうち、経営実務「営業のイロハを学ぶ」という主催者サイドから要請されたテーマで一時間三十分の講話を致しました。

事前にGoogleで「シニア」を検索しますと「最近のメディアの取り扱いとして定年後の方々を指して使われることが多い」とありました。当日の参加者名簿では年齢は最年長六十九才、若

第六十四話　№.77　2012.03「起業アドバイザー便り」より

い方で四十四才、男性三十名、女性十名の構成でした。

テーマの「営業のイロハ」については、私のサラリーマンの第一歩である証券会社での営業支店近隣における商店への軒並みの飛込み営業の体験談。起業した折のマーケットとターゲットを絞り込んでのピンポイント新規顧客開拓の実務体験談。それらの事柄の継続から修得した商品やサービスをいかに効率的、効果的に売っていくかの基本的な事柄を独自にまとめた話しをしました。

しかし、その講話の前に私が強調してお話させて頂いた事柄は、次の点です。

起業や自分の商いをスタートさせたら、（一）仕事と言うものは自分の事になるので一瞬の気も抜かない。（二）何事も慎重に、事前のことを用心深く検討しておく。（三）他人の知恵を借りて前進する。（四）健康第一と心がける。

そしてシニア起業家には、「強み」と「弱み」の両方があることをアドバイスしました。

（一）強み―知識がある。経験がある。人と情報のネットワークがある。

（二）弱み―体力、気力がない。IT力が弱い。見栄や柵《しがらみ》がある。

そして「結論」として、もう若くない。ガムシャラは通じない。**得意技で勝負する**こと等を話しました。何よりシニアの方は慎重に事を進めて、失敗しない工夫に力点を置いて起業をスタートして下さいという心からのお願いでした。

先ず人に貸しをつくる

私たちが何かを成す折に、自己解決で全ての問題が出来るわけではなく、どうしても他の人の知恵や力を借りることになります。そこでそのような力を持ち合わせている人との接点の有無が問題解決のポイントになるわけです。そのためか、人脈の大切さやその価値は、誰しもよく認めて来ていますが、そのことを具体的に「こうなのだ」と提示することは意外に難しいことだと気付かされます。

至近の例を引きますと、過去二年程前に、ある業種の研究会で、十五〜十六社が参加する会合がありました。そこで、この業界では中堅の某社課長代理のSさんと名刺交換をし、後日これまでの弊社の事業の経過を理解して頂きたいと思い、私が刊行した小冊子を、数種、贈呈いたしました。折り返しメールにて礼に叶った礼状を頂きました。昨年の暮近くに私にある課題が発生し、すみやかにその解決の糸口を模索するために、Sさんにお知恵を拝借したい旨面談して欲しいとメールにて依頼しました。幸いなことにSさんは後日弊社に来社して下さり、長時間の討議が実現出来ました。そして、その二〜三週間後に私の課題に対し数ページの検討と市場環境をリサーチしたメールでの報告書を頂き増した。目を通しますとそれは私の期待以上の内容を含んだものでした。私は目の前の課題に対し、この報告書により方向性を見出して、私の検討課題の解決の

第六十五話　№.79　2012.05　「起業アドバイザー便り」より

糸口を見出したために大いに参考となりました。

その後、春の気配をそこはかと感じる今年の二月末に、年に数回の若い起業家との会食の席に、その時のお礼を兼ねてSさんを招待いたしました。それは彼が現在の仕事の延長線でいつか起業したいことを、私が相談した折に話していたからでした。会食の席は皆さん三十才代早々の男女の方で、現在事業を継続しつつある人、フルコミッションの営業部門で独立している人などがいて、参加者の方との交流が、これから起業したいとするSさんの知的刺激になれば、との私の計らいでした。当日の参加者は六名でしたが、お互いに同年代のこともあり、名刺交換後に宴が始まって話題も豊富で、食欲も旺盛で大いに盛り上がり、私も若い人たちとの接触でエネルギーをもらいました。このように会合で、名刺交換から繋がっていく人との縁。それをより深く充実したものにして行けるか否かは、自分の得意技などをさりげなく皆さんに告知することで、信頼度を高めておくことを心がける必要があります。そして次の機会に人に何かを依頼されたとき、提供出来る知識や知恵を持ち合わせて、そのことに全精力を注いで応えることで、先ず人に貸しを作れるかどうかが人の縁の分岐点のような気がしてなりません。

何事も**人間関係構築のスタートは、借りでなく貸しから始まる**のだと痛切に実感しております。

ホスピタリティー

ホスピタリティー（Hospitality）とは「おもてなしの心づかい」のことです。かつて小泉政権が掲げた「観光立国」に端を発した「YOKOSO！JAPAN」と銘打って、海外の観光客の招致の国の政策として大々的キャンペーンがなされました。そしてそのメーンコピーだったのが「ホスピタリティー」でした。この趣旨は海外からのお客様には「心から歓待して沢山の方々に来日してもらいましょう！」ということでした。私がこのホスピタリティーという言葉を強く意識しますのは、主として日頃お付き合いしている方からさまざまな誘いを受けて、講演会やセミナー、会食やパーティーに出かけた折の受付や接客態度のことです。会の受付と司会の方や、お店の従業員の立居振舞から感じるおもてなしの心が本当にあるかないか。これが重要なことです。要は出かけて行った折に、彼らが先ず理に叶ったマナーや心づかいがなされているか否か、来場者や来店客に安心感と心地良さを与えられているサービスが提供されているかどうかなどです。そして客としての立場から伺い知る様子で、主催者なり、お店のホスピタリティー度がわかるというものです。これらの具体的な例を参考までに、三例、記します。

ひとつ目は、ある日、知人の会社社長から日本酒の試飲会の招待状が来て、お付き合いで出かけたときのこと。その会社はサイドビジネスとして郷里の名酒の特定の銘柄数種の販売代理店に

第六十六話　№80　2012.06「起業アドバイザー便り」より

なり、年に二回、事務所の応接室で商品の試飲会を催しているとのことでした。定刻に伺いましたが、部屋にはもう来客がかなりおりました。主催者に挨拶をしましたが、椅子に座ったまま大学時代の友人という方と話し込んでいました。私に対してだけでなく、皆さんに対してもそのようなぞんざいさを感じました。私は通り一遍の時間で会場を後にしました。

ふたつ目は、ある日、昼に来客があり、ランチの約束をしたときのこと。弊社の近くに接客するに適当な老舗の和食店がありますので、あらかじめ予約して出かけました。食事の美味しさは問題ないのですが、店内の女性の諸々の接客態度がよくなく根本的な「接客マナープラス心遣い」が教育されておらず、本人たちも真の接客の心根をいまいち理解していないと感じました。全く「もったいない」と行くたびに感じさせられます。

三つ目は、古い付き合いの友人の奥さんとご一緒にある社会福祉事業をしていらっしゃる女性の方が、私に相談があると来社したときのこと。後日、次のようなメールが届きました。

「貴社にお伺いしたときに、ビルの入口にウエルカムメッセージがあったこと、お伺いしたときと失礼するときに社員の方が全員立ってご挨拶をいただいたこと、とても素敵な会社だと感じました」

弊社は、アポの後に、初めてご来社の方に対して一階のビルの入口のガラス戸に、オリジナルのウエルカムカードを作成し、貼っております。「○○時～△△様ようこそお越し下さいました。受付は二階になっております。」とお知らせしておりますが、それが目にとまり心地よく思われたのだと思います。**ちょっとした心遣いで、客の心を快適にする**、それこそが「ホスピタリティー」の基本だと感じたものです。

心構えの違い

誰しも認めるところでしょうが、日一日と歳月が流れる如く過ぎ去ります。人は年齢を重ね、多少とも体力や気力に欠けたことを自覚するとき、この思いはより深く強いものとなります。一週間があり、一カ月があり、そして一年があるわけですが、昔から「人生は長さでなく深さである」と言われるのは、私たちが歳月を過ごす過程を、より充実せよという、心構えへの警句なのではと気付かされます。

よく起業塾での冒頭で、受講生の方々に質問させて頂いていることのひとつは、**自分の人生のグランドデザイン（どのような人生を過ごして行くべきかの願望や計画）**を早めに気付き、それを構築し、そのための努力を継続していくことと、現在、皆さんが目指そうとしている自らの起業の在り方は、少なからず合致していますか？　ということです。要は、人生における心構えの問題が今もこれからも大切なキーワードなのですよとしているわけです。

私の友人の話しを二つ紹介します。

T氏はこの六月末で自らが創業した企業を、同業大手の会社とトップ同志でM＆A交渉して、勇退しました。今後はライフワークとして、従来より継続して来たボランティア活動の社会福祉事業にウエイトを置き、他に十年来、個人的に支援して来たミャンマーに対し、今後、同国に海

第六十七話　№81　2012.07「起業アドバイザー便り」より

外進出する企業のコンサルタントをお手伝いするとのことでした。過日、同じ経営者という立場で、親しく会食をしながらの一刻は私とって貴重かつ有益な時間でした。

とくに刺激を受けたことのひとつは、出社時間が毎朝七時であること。そしてその前に新聞二紙に目を通すため、配達店に特別に頼んで朝四時迄には投函してもらい、二時間かけてしっかり情報収集を心がけているとのことでした。お話では、勇退の時期は考えていたより二カ年遅れたとのことですが、私としては十分満足すべきことではないでしょうか、立派なグランドデザインですねと感想を述べさせて頂きました。

もうひとつはY氏のことです。

二カ年程前に突然に封書を頂き、面談させて欲しいとのことでした。自分たちが仲間と起業家支援をするために、いろいろと模索していて、私のことを何かで知ったからとのこと。その後の接触でY氏の好ましい人柄がわかり、月一度私が主宰する会議のメンバーに参加をお誘いし、今日に至ります。その会は事前にメンバーにメールにて議題次第と当日の検討内容を予め送信しておきますが、あるときT氏が着席したときに議事次第に目をやりますと、議題に対してのご自身の意見の記入がなされ、またそれに関する資料が添付されておりました。T氏は三十才代でかつて他業種の大手企業を退職し、現在は外資系生保のプロのセールスマンとして活躍されていますが、自立している人の**「プロ意識」の在り方**はこうあるべきと知らされました。

それにつけ、朝の通勤始発電車で気付くことですが、何もせず居眠りしている人の多さを知り、**自らの人生に立ち向う心構え**も、まさに千差万別だと痛感しています。

起業して四十余年間で実感した事柄《ことがら》

七月のある日曜日の午後に開催された、ＴＯＫＹＯ起業塾のベンチャー起業家コース受講生四十名の方を前に一時間三十分程のお話をさせて頂きました。与えられたテーマの冒頭に、私が起業して今日までの四十余年間の経営実務を通して実感した事柄のいくつかを要約して、次のようにお話ししました。

一．サラリーマン時代には時間というものには多少の余裕があり、また融通が効きます。ですからその中で仕事を進めていくことが求められますが、自らが起業をスタートさせたら仕事は全て**自分事**として跳ね返ってくるので、少しも油断が出来ません。

二．何事も同じですが、**事前の検討、準備が大切**です。いかに事前に多くの時間をかけるかが求められ、慎重さを求められます。

三．事業は「読み、踏み、決め」の集積なのですが、その全ての事柄を自分の力だけで解決することは出来ないのです。それ故に**他の人の知恵を借りる**ことが大切です。

四．私のサラリーマン時代の同僚だった起業家や私が起業してから知已を得た事業家の方で、四十代—五十代で亡くなった方がおられます。事業を起こすにしても、まず最初に何事も**健康第一**

第六十八話　№.82　2012.08「起業アドバイザー便り」より

と痛感し、自分の健康管理にしっかり気配りをしながら、前進して行きましょう。

五．誰しも起業の志は、個人の熱き思いからスタートするわけです。しかし悲しいかな、自分一人の力には限度があります。そうした折に**身近な家族の支え（伴侶）**があれば、心強く、業務も捗ります。時にはお互い慰め、励まし合いながら前に向かって進んで行くことが出来るのです。

六．現在は、経済環境や技術の進歩の速度が加速された時代です。このような状況の中に起業して船出するには、**際だった武器を具えた自己**でなければならないと思います。その道のプロとして生きていく覚悟の前に、自己観照して自分の能力、資質を、常に繰り返しチェックしていく必要があります。

七．他の人から自分に向けられた評価を軽んじないで、何事も誠実、勤勉に努めていくことが大切です。こうして得た他人からの信頼と支援は、全てこれからの仕事や人生に繋がっていきます。今からでも**忘己利他**《もうこりた》**（自分を捨て他人に尽くす）**精神で人のため汗をかいていきましょう。

以上、七つの事柄を要約してお話ししました。私が生活信条としている**「誠実であること、労を惜しまぬこと、言い訳せぬこと」**の原点がここにあるのです。

人との縁を結ぶ入り口「名刺交換」の大切さ

九月初旬に起業塾の講師を依頼され、約百名の社会人受講生に「創業のための基礎知識と事業計画」について三時間三十分に亘り講義をさせて頂きました。この時私は、冒頭に受講生に問いかけました。この会場の皆さんが受講の動機である現在の起業に対する、ご自身の現在ポジショニングは、次の三点の中でどの位置にありますか？　と問いかけたのです。この質問に対しての挙手を求めました。当セミナーの受講生の皆さんに対して講義のレベルを合わせ、より理解を頂き、その内容が余り専門的になってもいけないのでリサーチをしたわけです。

その三つの質問は、この起業塾を受講するのは何のためかというものでした。

Q．1　起業の思いはあるが、その全体像も理解していない。事業することはどのようなことなのか？　今のままの自分ではいけないと思うし、もっと自分らしい生き方は何か？　の答えを持っておきたい。

結果は七割の方が挙手しました。若い方が多かったと思います。

Q．2　なんとなく起業や独立を夢みて、自分が実力を発揮したい気持ちはある。でもそれはこの世の中に果たして通じるのか？　やりたいビジネスモデルはつかめているが、間違いがないのか？　正しい考え方なのか疑問や不安を持っている。スタートさせる前に何が必要なのか？　そ

第六十九話　№.83　2012.09「起業アドバイザー便り」より

の他の予備知識を確かめておきたい。

結果は二割の方が挙手しました。どちらかと言えば中高年の方でした。
Q．3　かなり以前から自分で起業家になるのだとの志と夢を持って努力して来て、資金のこともそれなりに心がけて来た。後はタイミングが大切だと思っている。しかし開業する前にチェックしておきたいこともあり受講することにした。
結果は、一割の方で年配者がしっかり挙手していました。

講義はプログラムに沿って進み、休憩時間や終了までに数十人の方から名刺交換を求められました。そこで、その折に大いに疑問が生じましたので本号のテーマと致しました。

その一．名刺を持ってないことを初めから断って名刺交換をしようとする人がいました。自分の身分を明かさないで、他人の名刺を受けとろうとする失礼さに気がつかないのでしょうか。

その二．会社の名刺を両手で差し出しつつ、これはお渡し出来ないのですとのこと。現在ではPCで自分の名刺を作成することは容易なことで、セミナーなどは時として他との接触が図る場であるわけですので、その用意が出来ないことでは、その方の先が知れていると思われました。

その三．プライバシーを守るためにそうしていることは理解できますが、メールアドレス、携帯電話番号のみの名刺も困りものです。もちろん自宅住所を明記して女性などは不用心であろうと理解しますが、少なからず講師と名刺交換して、今後に活かそうとするならば自ずとなんらかの方法はあると思います。人が人と縁を結ぶことは、天の啓示だという方もあるくらいです。

人が他人と**「縁を結ぶ」ための大切な場の基礎知識として、名刺交換の在り方は礼に叶うもの**であって欲しいと願わずにはおられません。

金融機関との付き合い方

今冬は例年にない寒波の中、二〇一三年は一月四日が仕事始めになりました。巷間は未だ動きが少なく、本格的な稼働は一月七日だったと思います。その日、都銀のATMに立ち寄りましたが、行内は年始挨拶のスーツ姿の方が多く混雑しておりました。入れ代り立ち代りの状態を見ていましたら、中小企業の場合の重要課題は、やはり「資金繰り」にあるのだということを実感しました。すなわち企業にとって資金パイプの確保が先ず優先するため、その供給元の金融機関に、まず年始挨拶になるのだと改めて感じました。二〇〇六（平成十八）年九月の第十話「起業アドバイザー便り」「どこに信用を積むか」のタイトルで、とくに金融機関との「信用」を積むことの重要性に触れました。それには時間と手間がかかるため、クライアント、ビジネスブレーンなどと同等ないし、それ以上の努力と日頃の心がけが必要です。常に**金融機関を味方に付けて、知恵も資金も活用できる会社にする**ぞという意気込みで毎日を送りたいものですと記しております。

長年の金融機関との接渉で分かっていることを参考に記してみます。

一．金融機関はリスクを避けることが最大目標なので、出来るだけ融資はしたくないのです。相談された企業にしっかり対応し加勢をしようとの考えを期待すべきではありません。

二．融資の可否はその企業のビジネスモデルと定量的評価の収益力、事業歴、自己資本比率、自

第七十話

№.87　2013.01　「起業アドバイザー便り」より

己資本利益率（ROE）、定性的評価の社長の人物など総合的に審査するわけですが、基本的に減点方式で、決して加点方式ではありません。

三．保証人、担保力については、一、二の項目がクリアされた後の補充要件と考えておく必要があります。あくまでも企業の収益力（キャッシュフロー）が重要で、担保があるから借りられるとの思いは、大いなる錯覚です。

四．日本政策金融公庫など、国の政策に則る公的機関をなるべく活用することも念頭におくことも大切です。（但し公的機関でも代理貸しとして民間の金融機関を通して下さいと要求されることもあります。）

五．起業、創業仕立てのは自社のビジネスモデルの規模により、地元の信用金庫などの利用も考えましょう。何でも都銀が良いというものではなく、信金には色々勉強して知的武装している信金マンは多数います。要は良き相談相手を選ぶべきです。

六．借入れのための不動産担保として設定される根抵当権の設定と、その金額などは、しっかりした知識と考えで臨むことが大切です。後で問題化する場合もあります。

七．借入れ時にいろいろ書類に記名捺印させられますが、一旦預りしっかり目を通し、不明点のないよう確認してから、翌日に渡すような心づもりと余裕をもちたいものです。また極力、顧問税理士と相談するようにしましょう。

八．大手金融機関が扱う金融商品や保険類を、借入れ時にバーター取引で購入や契約させられたりする場合がありますが、基本的に断るべきです。どうしようもないときは、金融のプロに相談するようにしたいものです。

シニアの起業の五項目

二〇一三年二月中旬に、ＴＯＫＹＯ起業塾「シニア起業家コース」のセミナーで講師としてお話しさせて頂きました。このセミナーの趣旨は五十〜六十代の方で、これまでの勤務経験上でのさまざまな能力や人脈を活かして、起業を立案するための基礎的知識、事業計画作成の方法を学ぶコースで約四十名程の参加でした。そしてこのメンバーの方々の事業構想リストを事前に拝見して、皆さんが次のような現況であると理解させて頂いての講話となりました。

一．もうすでにご自身がこれからやるべきビジネスモデルを持っていて、準備中の方が約七割である。

二．これからやるべきことを頭で思い描いているが、もう少しいろいろ勉強しておきたい方が、約一・五割である。

三．漠然と何かしたいと思っているが、それとも不確かな思いでいる方が残りの一・五割である。

そこで私に与えられたセミナーのテーマを拡大して、私がこれまでの経験から学んで来たシニアでの起業に対し、より実践的なテーマとして特にお伝えしたいこと五項目に焦点を絞りました。その五項目は以下の通りですが、これは私の信条でもあります。

第七十一話　№.88　2013.02　「起業アドバイザー便り」より

一．一期一会《いちごいちえ》

この会場で同じ目的のために集まった仲間との「縁」を良き機会として今後に継げていきましょう。人の出会いほど価値の高いビッグチャンスはないのです。

二．忘己利他《もうこりた》

良好な人間関係を構築することは仕事に限らず何事もの基本です。自分を忘れて、他の人のために尽くすことで「信用」「信頼」を獲得できるのです。

三．心身一如《しんしんいちじょ》

心と身体はひとつのものです。健康な心が健康な身体を造る。健康な体が健康な心を造ります。昔から「無事是名馬」と言われ、病気やケガの厄災を遠ざけるべく日頃より心がけていきましょう。

四．八勝七敗の人生

誰しも起業を通して自分の夢の実現に邁進します。しかし古今東西、失敗のない成功はあり得ないものです。ですから最後はひとつでも勝ち越して終わろうとする気概を失わないよう日々努めましょう。

五．シニアの起業は慎重に、そして得意ワザで勝負

シニアの「強み」は知識と経験があることです。「弱み」は体力、気力がなく、ＩＴ力が弱いことです。ですから事前の準備をしっかりとして、成功することより、失敗しないように心がけましょう。

自己の性格と事業のスタイル

最近目にした統計によると日本の企業の九十九・七％が中小・零細企業です。私も、永年、事業経営を通して、数多くの経営者との接点を設けて来ましたが、その中で自らが起業して今日がある方で、何をもって事業に取り組んでいるか、どのような姿勢で仕事をしているかを見定めるとき、大きく次の三つに区分させることに気付きます。同時にその共通項は、先ず何よりも仕事が好きで、また自分の性格に合致しているからとのことです。

最初のタイプのひとつは、今の**この仕事が何よりも好きで、好きであればこそ「一心不乱」に精励**している人です。利に対し貪欲でなく、金儲けも決して上手ではなく、計数管理などということは全く苦手で、どちらかというと日々「食えればいい」「生活できれば良い」と思いつつその日を過している人です。こうしてひとつの狭い領域の業種の中で脇目も振らず腰を落ちつかせて、自分が好きな仕事をやっていると納得し「身貧にして道貧ならず」で、とにかく金、金と言わず企業のスケールを追わず、己れの心の安心を求めることを尊んでいる人です。

次のタイプのひとつは、**事業や仕事は好きだが、いつも何か儲け話はないか？ 儲けなければ何も始まらないと、まず利を追う人**のことです。その信念で多方面の事業展開している人です。そのような方は計数にも明るくエネルギッシュ、頭もからだもフル回転して、金儲けこそ本筋だ

第七十二話　№.89　2013.03「起業アドバイザー便り」より

という集中力と気魄に満ちており、私としては、しばし学ばねばと思うこともたくさんあります。

もうひとつのタイプは、私自身の立ち位置だと思うことですが、ちょうどこの中間で**人間性を大切にしながらも数字もそこそこ大切**だというで努めている人のことです。

これらを突き詰めますと、経営者の性格と事業スタイルは、これら三つの事柄に起因すると考えられます。このような三つのスタイルを多角的に考えてみますと、リスク面からすれば、ひとつ目の「今の仕事が何より仕事が好き」な「スモール　イズ　ビューティフル」のスタイルに軍配は挙がります。「一業専心」で、ひとつの仕事や事業（商い）をコツコツしていく一見すると地味ですが、その堅実さは中小・零細企業こその求むるところです。

ただし、成長という観点から見れば、時代や経済環境が変われば、どのような企業もその存在が危うくなることも事実です。同時にその環境の変化を乗り越えて躍進している企業も私の知る限りかなりあります。そう考えますと、起業する人は、自分の性格をしっかり自覚して、事業のスタイルを決め、かつ情報のアンテナをめぐらせて、次のビジネスモデルを考え備えていくことが必須です。

極端な例を二つと、中間のスタイルをひとつ記しましたが、望ましくは両方の長所、短所をしっかりバランスよく理解し、取捨選択して事前に事業のスタイルを自ら決めていくことが大切です。

世も企業も人に依《よ》りて興る

昔からの私の思いのひとつに「起業家の輩出が社会を革新する」というのがあります。新聞記事により知るところですが、二〇一三年三月十六日にリクルートの創業者である江副浩正氏のお別れの会（享年76）が催され約千二百人の同社OB、現役社員が参加したとのことでした。同氏は東大在学中に「大学新聞広告社」を創業し、学生起業家のはしりと云われてきました。今日まで同社の社員について私が印象深く記憶していることで特筆すべきことは、同社が「社員皆《かい》経営者主義」を貫いて来たことです。その結果、そこで育った社員の多くは業務上での収支責任を負わされて、二十代でB／S（貸借対照表）、P／L（損益計算書）を意識した業務遂行に徹して、数字に強い社員に成り得ていることでした。また中途退社は「卒業」と称せられ、三十代で転職や起業することは当然視されている企業風土で、リクルート出身者の通称「元リク」の方で起業した人は、私の知人で求人広告業の方もおられますが、皆さん大変優秀な方ばかりと感じておりました。一方転職した方では、楽天、ソフトバンク、その他、現在、我が国の数多くのベンチャーや成長企業と言われる会社の、重要ポジションを担っているとの話しをよく聞きます。

これらをもって一説にリクルート社を「日本最強のビジネススクール」とか、「人材輩出企業」などと称されている所以《ゆえん》もよく理解出来ます。

第七十三話　№90　2013.04　「起業アドバイザー便り」より

私は新聞記事を読んで、書棚よりかつて愛読した同氏の「リクルートのDNA」（二〇〇七年四月十五日三版）の「まえがき」を再読しました。その文章の中で、江副浩正氏はリクルートや子会社のコスモスOBが社長を務める上場会社は、二十社近くに上る。なぜそのような成果を成し得ているかといえば、リクルートでは「社員皆《かい》経営者主義」を掲げ会社の中に会社（PC＝プロフィットセンター）を作り、そのPC長を会社の社長としてきたからであろうと答えることにしているとあります。

このように同氏を含めニュービジネスやベンチャーによって生まれた企業が、現在二百万人ほどの雇用を創出していると言われています。卓越した人物が起業し、時代を先取りした事業を次々に創業して発展し、経済を活性化させ日本の経済を繁栄させる「善の循環」における社会的存在を確たるものにしているのです。

仮説になりますが、江副浩正氏が起業家として誕生していなければ、今日、一体どのようなビジネス社会になっているのだろうと思います。言えますことは、多分、経済も株式市場も今よりかなり脆弱なものになっていたのだろうと想像しています。私が十数年来、このことを踏まえ、起業家精神をもった若い人が起業をし、**世も企業も「人に依りて興る」**ことを意識して、**アントプレナーを生み育てる**ことこそが何より大切な事と、微力ながら諸々の活動して来たことが、決して無意味ではなかったと思う今日この頃です。

生命《いのち》ある限りの再挑戦

去る二〇一三年五月二十三日に八十歳のプロスキーヤー三浦雄一郎さんが、世界最高峰のエベレスト（標高八八四八メートル）の登頂に成功したとの快挙の報は、関係者のみならず、とくに高齢者に感動と勇気を与えました。下山した後のカトマンズのホテルでの会見で「夢を見てあきらめず実行した、素晴らしい宝物になった」とのコメントは、誰しも「ネバー ギブ アップ」の意味を改めて自覚させられました。

このことで、人は幾つになっても夢を失わず、そのための自らの努力と挑戦魂を失ってはいけないとの思いを私は、なお一層強くしました。三浦さんご本人も行動を起こして夢が叶ったとの自信は、大切な宝物となったのだと述べておられます。これをもって理解できることは、誰でも現状に単に不満をもつというものではなく、常日頃の自省から「今の自分は、これで良いのか？もっと違うことではないのか？」と自問自答し、**生命ある限り自分の人生に立ち向う勇気**が大切であるということです。

私の考えの中にある「人生と果たすべき課題」のテーマは、人が自分の人生を全うするには、自ずと年齢（体力と気力）に左右されることは揺るがない事実ですので、その職業（仕事）やビジネスモデルに適した年齢があるということです。このことを起業塾のシニアコースで、いつ起

第七十四話　№.91　2013.05「起業アドバイザー便り」より

業するかの時期をお話しさせて頂くときは、お伝えしております。逆説的に言えば、いつも年齢に即した職業（仕事）やビジネスモデルで起業して行きましょうとお話ししています。
今回の世界に誇れる三浦雄一郎さんの偉業について新聞記事から整理しておきます。

一念発起

三浦さんは六十代に入り、自らを省みて、これからの晩年が次第にキラキラして輝きが失われていくことを自覚したそうです。そして完全な生活習慣病で入院したり、肥満老人の惨さを味わされ、その反省のうえに、単なる老人としての余命を継ぐことを否定し、六十五歳のとき「自分の最後の夢はエベレストの頂上」と夢を明確にして、体力づくりの行動に移したとのことでした。この「思い立つこと」と「行動に移す」ことが人生のキーポイントになったわけです。

用意周到な準備

●体力づくりのトレーニング

七十歳、七十五歳と五年刻みで、今回同様にエベレストに挑戦して来ましたが、体力づくりのための方法として、私もＴＶ映像で観ましたが、国内での大きな負荷をかけた登山のトレーニングには、そこまでするのか！　と感嘆させられました。自らを厳しく鍛えることが成功への一歩なのです。

●周囲のサポート

厳しい自然環境下にある最高峰での登山は、常人の想像をはるかに超えたものだと思います。いくらトレーニングを積んでも八十歳の本人の考えや意志だけでは、一歩も先に進められません。何より万全なサポート体制が必要不可欠で、成功の要因で忘れてはならないことだと思います。

善き労働は良き眠りにいざなう

出典は定かではありませんが、私が上京してサラリーマン生活をスタートさせた、そのはるか昔から「善き労働は良き眠りにいざなう」とのフレーズを身近かに感じてまいりました。これはあるときは「今日一日」のことであり、もっと大きく解釈すれば「私の一生」のことでもあると折々に意識してまいりました。至近の例では、休日に庭木の手入れに精を出していて、剪定くずをビニール袋に詰め終えて、今日の作業の結果としての多数の袋を前にしたりしたとき、必ずといってよいほど、この一文が頭に浮かびます。また、そのときの私の思いは、今日は、これだけ「無心一途」にやるべきことを果たしたのだから、今夜は良く眠れる…と期待します。

日頃の考えや思いを捨て、ただただ庭木の手入れに集中している時間は、今の私にとって何より大切で価値のある一刻です。今日の己れとの約束を果たし、疲れ果て、安らかな眠りに入り、翌朝の週の初めの早朝出勤に備えられることが出来ます。この思いが常々私の心に在る故でしょうか、年齢からして親しい友人の「お別れの会」に参列することも多いのですが、その都度、故人の遺影に向かって安らかな永久の眠りをお祈りする際に、この一文が必ずといってよいほど浮かび、貴方はこれまで十二分に働いてきたのだから…良い眠りについてくださいとの思いに駆られます。

第七十五話

№.92　2013.06「起業アドバイザー便り」より

元々、労働は、キリスト教では罰（ペナルティ）としての位置付けでした。しかし宗教の在り方や接し方も時代とともに変わり、今日では労働は罰（ペナルティ）との考えが「是」とは、とても考えられません。私たちの時代は勤労の精神と、その価値を認める社会ですので、**素直に「善き労働は良き眠りにいざなう」という生き方**が基本になります。これから独立・起業への挑戦を思考している方には今からこのことを意識し理解しておいて欲しいと思っております。

さて、この「起業アドバイザー便り」も本号で92号となりました。七月中旬には、これらを要約した**塩原勝美の「起業のいろは塾」―新しい自分の形　独立・起業への挑戦**―が、法令出版株式会社より発刊されます。私自身の起業や事業歴四十数年の経験の中で実感し、体験した事どもを、余すところなく披露しています。

若くして新しい自分の形を求め、独立・起業して、これから挑戦を試みようとする方々に多く読んで頂きたいものと考えております。

女性の起業の在り方

二〇一三年七月中旬に、十年程前から交誼しております女性のHさんからメールを頂きました。件名に**新会社設立**のご挨拶とありました。頭書には、このたび「株式会社〇〇〇〇研究所」を設立、新たにホームページを立ち上げましたので、ここにご報告いたしますとあり、続いてホームページのアドレスが続きます。このお知らせで、私は、Hさんも「いよいよ満を持して」のスタートだなと感慨深いものを感じました。Hさんとは、彼女が求人広告専門の広告会社の研究部門に勤務時に、弊社のある事業のスタッフ募集の折に営業マンを通して「わたしのお客さま」のテーマで取材を受け、適確な取材記事と評価し、実力を認めてからのご縁でした。その後、最終的には同所の所長まで勤め上げ、二〇一三年六月末日で退職しての起業でした。ホームページの代表者ごあいさつを拝見しますと、**その職場や業務でそれぞれ関連する、さまざまな経験と実績を積み、その延長線上に独立し、新会社設立**の運びになったのだと理解されました。そして、興味を覚えたことは、会社設立に際しての会費制の簡単なお披露目の会を催したいので、詳細の申込は、アドレスがあったことです。それも誰でもというのではなく、六十名限定、事前申込み、参加メンバーも承認が必要とのことでした。これまで数多くの新会社設立の挨拶やその創立パーティへの案内を頂きましたが、何事も時代の変化とともにあることを痛感し、出席の返事をメールに

第七十六話　№93　2013.07「起業アドバイザー便り」より

て返信いたしました。

今回のお知らせ頂いたご挨拶のホームページには、新会社やHさんのこれまで知り得なかった個人情報が沢山盛り込まれており、良く理解することが出来ました。

前記しました「満を持しての起業」として私が感じたのは、これらの情報を拝見したから、なおのことですが、当然のことながら、過ぐる日、Hさんはいつか自分は起業するとの熱い思いがあって、そのための努力をひたむきになさった結果だと、確信させて頂くことが出来ます。

他に身近な女性の方々の中で、現在起業なさってご活躍中の方々の起業に至る過程のいくつかを参考までに要約して紹介します。

M．Tさん　（メンタルに特化したプロのサポート業務、コーディネイト、イベント企画）
私は十代の頃から事業を興すこと考えていました。社会人経験を積んでから起業をしようと思っていたので、大学卒業にアパレル業や出版業で働いたのち、フリーランスのライター・プランナーとして独立しました。その後、三十一歳で結婚、三十三歳で当時住んでいた大阪・吹田市商工会議所の創業塾を受け、徐々に事業内容を固め始めました。（以下略）

E．Nさん　（企画、書籍の編集、ツアーやイベントの企画）
創立百年を超え、会員数は多い時で十万余という大所帯の大学同窓会の事務所に籍を置いて十七年余り、私はその大半を会報の編集、講演会の企画、講師付きツアーの立案に従事させていただきました。部下も付き、そろそろ自らの采配を振るえるようになった頃、「なんで独立？」とは、仲間や友人から言われたひと言。下町生まれでおきゃんな性格は、「現場が大好き」だったんです。

（以下略）

夢と迷いと決断

自身が起業や開業をスタートするにあたり、迷いや悩み、不安がない人はおりません。それは起業や開業が自分の人生の大きな分岐点になるとの認識と、これからの生活が全く不確かなさまざまな事柄になると思う不安などからして、当然なことだと思います。ですからこれらのことは男女を問わず年齢を重ね、ある程度世間を知ったミドル層の方が、知人や友人に相談した際に直面する場面に多いと思われます。貴方が、「実は私はこれから起業や開業をします」と話せば、どんなにご自身が夢をもって資金手当や準備などに身も心も精進して来たとしても、進もうとする方向の識者や周囲の人が、**「考えが甘い」とか「世の中がわかっていない」などとの善意の忠告**が耳に入ります。昨年春の起業塾の講師を務めた後に数回のメール交換をした女性の「いつかはワインバーをやりたい」とのAさんのお話しです。この八月上旬にメールを頂きました。

実は、私はこの十月にワインバー併設のワインショップを、世田谷区尾山台で開店することとなり、現在はその準備で毎日多忙の日々をおくっております。ワインの買い付けの為にフランスに渡航しており、昨夜帰国いたしました。残りの人生、守るか攻めるか、随分と悩みもいたしましたが、ある作家の「やってしまった後悔はだんだん小さくなるけど、やらなかっ

第七十七話　№94　2013.08「起業アドバイザー便り」より

た後悔はだんだん大きくなる。」という言葉に深く感銘を受け、起業を決意いたしました。一円の借金もせず、自己資金だけの身の丈にあった店づくりを始めています。塩原先生からいただいたお言葉の数々も、心の中に刻まれております。とくに、「わからなくなったときは、その途のプロにどんどん聞け！」この言葉の通りに進んでおります。

私はメールを拝見し、起業をスタートするお祝いに、七月末に上梓した「起業いろは塾」の冊子を郵送致しました。数日後、メールにて次のメッセージを送りました。

先日は思いがけないプレゼントを頂戴し、感激いたしました。「起業いろは塾」改めて自分の起業を見つめ直し、軌道修正するためにも熟読させていただきたいと思います。起業前は反対意見も、そして興してしまった今になっても未だ反対意見を耳にすることもあり、正直、本当にこれで良かったのだろうか、と思う一瞬が全くない、ということもないのです。でも走りだしてしまったのですから走り続けるしかないし、もう後ろは振り返りません。「人生の最後に何を残せるか」、そのことに私は焦点を当て、これからの人生を歩いていきたいと思います。

迷いや後悔は、何かしても生じ、何もしなくとも同様だと、私も経験上、熟知しています。人間、誰しも夢をもち、前に進もうとすれば迷い、そして決断を迫られます。Aさんの前途が明るく、何かを残せる人生であって欲しいと願わずにおれません。

常に真価を問われている

私は、古典落語に魅力を感じて、長い期間親しんでまいりました。古い落語家では三遊亭圓生がとくに好きで、三代目古今亭志ん朝師匠とは、なぜか縁があり、会食の席に同席したこともあります。ですが最近は残念ながら寄席に行くことも遠ざかっております。

最近読んだ本に、大事なことはすべて立川談志《ししょう》に教わった 立川談慶著 ＫＫベストセラーズ刊があります。筆者は一九六五年に長野県に生まれ、慶應義塾大学経済学部を卒業後、株式会社ワコールを経て一九九一年、立川談志に入門しました。前座名は立川ワコール。二〇〇〇年、二つ目に昇進して談慶に。二〇〇五年、真打ち昇進とのことです。本書は立川談志一門に弟子入りし「見習い」「前座」「二つ目」「真打ち」になるまでの十九年間の悪戦苦闘の日々が書き綴られています。前座暮らしは九年半続き、二〇〇〇年に二つ目に昇進して談慶、二〇〇五年に真打ちにスピード昇進を果たしたわけです。

この本で知ることになりましたが、立川流の真打ち昇進の基準は一、古典落語百席 二、二つ目よりも歌舞音曲、パーティの開催など、さらに**質量ともに内容を問われる**とありました。

人は誰しも、仕事を覚え自分のものにするいわば修行中の身という時期があります。私は著者がこの十九年間、人並以上に芸道に精進し、談志師匠の厳しく妥協を許さず、ときには**理不尽極**

第七十八話

№95　2013.09「起業アドバイザー便り」より

まりない指導に耐え、それに自己の創意工夫を加えて真打ちに昇り詰めていく様子を知り、ひとつは落語界にあって立川流の実力の水準がいかに確かなものなのだと納得させられました。ここ数年の間、落語界でも何人かの真打ちが誕生したわけですが、中には「？」と感じた人も多々あることも記憶しております。

また例えばビジネスの世界において、独立や起業することへのそれぞれのプロセスも、一歩一歩、確実に精進して歩を進めていくことは同様なのだと理解させられました。ですからビジネスの世界では、ようやく独立・起業出来たとしたら、落語界では「二つ目」というところでしょうか。そしてこれらの共通項として感じることは、いくら本人が汗と涙の修業だと精進努力したところで、事はそう簡単には成らず、他の厳しい導きや温かな支援があればこそ可能なことなのだと思います。

落語界で真打ちになっての真価は、来場のお客様の「笑い」がとれるか否かと書かれています。**ビジネスの世界は売上が立ち、利益をいくら残せるか**、そしてどの位の期間、事業の継続を果たせるかなど、これも真価が問われています。

大相撲の秋場所をＴＶ観戦していて、この角界も他と同様に、早く目標をもって常々人の二倍も三倍も稽古して番付けが上がる世界と理解します。世に知られる十両以上の関取になるか、通路で勝敗のついた力士を待っている付け人で終わるか、演芸、ビジネス、角界も他から冷静に真価を問われているのだと思います。

形があっても真の魂が宿らない

ある官庁の出先機関がＨＰで「起業塾」の受講生を募集しておりました（九月初旬に募集開始、十月下旬から月二回、十二月中旬に開催）。カリキュラムを確認しましたが、大いなる疑問を感じましたので、今月号の稿に致します。それは当カリキュラムがこれから起業を考える初歩的な人達を対象とするには、主催サイドが手抜きをして、講師陣に丸投げした企画構成で、受講生の期待と学習意欲を裏切るものだと痛感したからです。そして思いますに、現在開催されている全国どこの「起業塾」や「創業セミナー」というものの実態は、同様なのであろうと数々の経験から実感しています。これは指摘した今回の件に限らず、各団体や組織体が真に起業を志す方のために知識として大切なことを教え、数々の疑問に応えていくという、支援の姿勢が欠落しているカリキュラムだからです。即ち運営組織のスタッフの能力、意欲そして業務に対する責任と愛情のない企画構成に終始しているからだと思います。参考までに一部省略してＨＰから転載します。

	テーマ	項　目
第一回	総論	・起業の現状、起業の心構え
第二回	事業計画とは	・事業計画の重要性、書き方
第三、四回	マーケティングⅠ・Ⅱ	・マーケティングの基礎、ネット起業に役立つ知識他

第七十九話　№96　2013.10「起業アドバイザー便り」より

第五、六、七回　財務Ⅰ・Ⅱ・Ⅲ　・財務の基礎、損益計算表の読み方他
第八回　事業計画完成　・事業計画書を完成させるための知識と技術
第九回　事業計画発表　・事業計画発表　・修了証授与（懇親会）

講師陣は、ほとんど中小企業診断士ですが、本当に受講生の人達にとって価値あるカリキュラムを練って絞り込んだとは思えません。なぜなら、ひとつに、経営実務をしたことのない人が、学問としての起業を語っていること。二つは、受講生が真に欲しい先輩諸氏の体験談などリアルティさが全くなく、事業計画、マーケティング、財務に傾注していること。三つは、プログラムの作り方にダイナイズミが感じられず、単にセオリー通りに淡々と消化をすれば良いとの考えが底辺にあること等です。要はセミナーや塾に参加し、学習意欲をもつ初歩的な人たちが知りたいことは、学術的な知識だけではなく、具体的かつ現実的な話しや、実体験している先輩の話に接したいのです。ですから内容は受講生がもつ起業に対する不安に対し「解」を与えられるカリキュラムでなければならないと思います。また、これに何より欠けていることは、実際に自らが起業して、これから次を担う人に対しての体験談であり、それらを通して、少しでも具体的な「事前の心がまえ」を学ぶことが最大のテーマだと思います。私の友人で、「起業塾」や「創業セミナー」で体験談を積極的にお話をしている方に感想を求めますと次のような評価でした。

「このカリキュラムでは、各中小企業診断士先生方の自己中心の一方的なカリキュラムで、単なる彼等の自己満足に過ぎないですね。受講生がこの起業塾を受けても、事業計画と財務管理だけではなんだか可哀想ですね」

ビジネスのヒントは何がもたらすのか

二〇一三年九月二十日第一刷として出版された**「1万円起業　片手間で初めてじゅうぶんな収入を稼ぐ方法」**著書クリス・ギレボー　監訳者本田直之　発行所　株式会社飛鳥新社を購読しました。私が目を通しまして感じた同書のエッセンスは、次の点にあると思います。

・起業のヒントは私たちの身近な生活の中にある。（アイデア）

・起業することをそう身がまえて大そうに考えないで、初期資金は僅かで良い。（一〇〇$（1万円）～一〇〇〇$（一〇万円）

・柔軟な発想こそ大切で、女性、シニアの活躍のチャンスです。

これまで私が起業に際して、折にふれ伝えて来たことは、〃何をもって起業するか〃このテーマ探し（気付き）が重要だとしてきました。同書で著者は「起業」とは、そんな大上段に構えて立ち向かうものではなく、私達が日常的に生活する周囲を見回す中での「気付き」の中にヒントはたくさんありますよと伝えています。ですから初期資金も僅かで良いし、いかにそれを極力押えてスタートするか、即ち柔軟な発想での創意工夫を求めています。

第八十話

No.97　2013.11「起業アドバイザー便り」より

また、とくに私が特筆に値とすることは、同書に使われている語彙《ごい》が平易で、上からの目線で解説や説得がなされているようなものでなく、日常会話のように話しかけられている感覚で大変興味深く、理解が深まりました。

このように、誰しも起業の事前対策として、あらゆる角度からの情報やヒントの収集に貪欲さが求められますが、本書のように肩に力が入らないで手にする参考書としては有益な一冊であろうと思っています。

それから情報やヒントの入手に関連することですが、実際のビジネス活動の中で諸々の課題が山積している情況下で、その解決の糸口たるヒントなども、人との接触での日常的な会話の中にあることに気が付きます。自分の課題の答えを探していて、それが相談という改まった形ではなく、親しく実力のある人との会話の中に〝ドンピシャ〟のヒントがあったときの嬉しさは格別です。

何事も日常を大切にすることが必要だという話ですが、あらゆる活字に親しむこととともに、いろいろな立場の人との接触の会話の中に、価値あるビジネスのヒントがダイヤモンドの如く隠されているのだと思います。

プロとしての真価は、事が終わってから

最近目にした新聞の記事に、輸入車の販売の成績が年間百五十台以上の優秀なセールスマンの方の話が出ていました。それによりますと、その販売手法はお客様からの紹介がほとんどとのことで、一人ひとりのお客様に常日頃どのような姿勢で接しているかが問われている結果だとありました。

とくに販売後の車のトラブル等、お客様にとって愛車にアクシデントが発生した折にどのように対応してくれたかが注目点で、その折にお客様の心に「よくやってくれた」との好印象を与えなければ、積極的に知り合いの方に紹介しようという気持ちになってもらえないとありました。これは誰でも出来る「通り一遍の」サービスでなく、常日頃自分自身が心を込めて物事に臨んでいる、「セールスマンとしての偽りのない姿勢」の結果の成せるワザであると理解しています。

私がお付き合いしている方で、この人は営業のプロだと認識している方の話しです。

その方は不動産事業を永年営んで来た方ですが、彼によると自社の中古（再生）不動産の売買物件の**契約、決済が終了してからが勝負で、そこから購入者、関係者との人間関係が始まり、プロの真価が問われる**と言います。

第八十一話　№98　2013.12「起業アドバイザー便り」より

即ち、住宅購入者は、すべからく不動産の所有に関して経験も浅く、素人の方ですので、購入して物件に何かトラブルでも発生したら大いに落胆したり、立腹することになります。もちろん事前に物件の完成度を極力高める工夫や、修理は当然のことです。しかし、そうしたことに万全を期したとしても、実際に入居した場合に初めてわかることが多々あります。そのような連絡を受けたなら、素早く損得抜きで徹底した対応を心がけることにしているとのことです。また、購入者、仲介業者の社員などとは、折角出来た関係を長く保てるよう取引や人間関係がさらに継続できるよう万全の心くばりに徹します。年賀状、暑中見舞、中元、歳暮の品の贈呈、そして常日頃のご機嫌伺いの電話など、間断を置かず心くばりをしていきます。

私が特に敬服しましたことは、ご本人が、かつて病気で入院し手術を受けた折の執刀医の方と意気投合し、その方を退院後に有力顧客との関係になり、物件を数軒購入してもらったというお話をお聞きしたときです。

「亡巳利他《もうこりた》」（己れを忘れて他人の利を考える）こそ、仕事を越えた人間関係の構築の源泉なのだと思っています。

いつの世でも有用で、他に求められる人でありたい

当「起業アドバイザー便り」は本号で100号となります。二〇〇五年（平成十七）年十一月を第1号としてこの便りを世に出そうと決めましたが、その時代は、かのライブドアの堀江貴文社長がマスコミやメディアが創り上げた舞台の上で自らも踊り、また逆に彼等を利用した騒動がどこまでも続く「ざわついた」時代でした。私は、若くして起業を志す人や、既に起業し事業継続に迷いを感じている人たちのために資する目的で、この起業アドバイザーメッセージをスタートさせました。私の経験を通して身につけた、事業のスタート時に直面する、思いと迷い、そして願いについて書いてきました。当面120号を目ざして継続したいと思っております。

いつの世でも有用で、他に求められる人でありたい

「諸行無常」と言われる通り、この世の万物は常に変化して、ほんの一瞬の間もとどまるものではないと承知いたしております。過日、ある会食の席をセッティングして「この人にお目にかかりたいもの…」との思いで、二十名余りの方にメールにてその趣旨の案内を送信しました。半数の方からの出欠の返事が送信されて来ましたが、残りの方からは何らリアクションがありませんでした。このような案内を受けたら、返事をすべきとのマナー上の決まりを求めるよりも以前に「人は常ならず」という厳しい現実を、改めて認識致しました。それは、私自身年齢を重ねて

第八十二話　№.100　2014.02「起業アドバイザー便り」より

来て、これまで以上に身をもって常々わかる事柄が多いと感じております。個々の人の体力と気力との相関関係であったり、日常に持ち合わせる本人の意識で左右されるものだということです。

「人の世で一番寂しいことは、忘れ去られること」と、昔より聞き及んでおります。

この世の中で、他との接触を避け、自分の時間を多く持つ人、日々忙しく時間に追われて余裕のない人も、一日、一カ月、一年は同じ時間軸の範疇《はんちゅう》にあります。ですから誰しも自分の人生は生まれて（スタート）から死（ゴール）まで、一本の糸の上を歩むことなのだと思っています。そして「人生二路なく」は事実で、一本の片道以外は歩めないのです。これらを時に痛切に感ずることがあり、それは身近に寄せられる孤独の人の悲しい寂しさの叫びです。人は誰しも根のところは孤独であり、事業経営を長年継続して来て、とくに重要な決断の折には厳しい責任とリスクを自覚し、立ちくらむことも、しばしばです。しかし、経営道だけが人の人生ではありません。どんな人にも生活、暮らしがあり、その日々をどう生きていくかは「因果応報」即ち原因があり、結果があります。要は今の自分は過去の自分が成した事柄の処世の積み重ねの結果なのです。

識者は多くを説いています。年齢相応に生きなさい。捨てることの大切さを学びなさい。長生きの秘訣は義理を欠くことです。所詮、人間は孤独で独りで死んでいくものです等々です。

私は決してそれらの考えを否定するわけではなく、ひとつの卓抜した考え方であると理解しつつ、同時に私らしくありたいと思い、日々、学びの一瞬、一時を大切にしたい。世の流れを感じて刺激的でありたい。良き友と交流の時間を共有して生きていく意味を深く感じたい等々と思うのです。そして、いつの世でも有用で、他に求められる人でありたいと自らに納得させ努めていこうと思っております。

世の中の欺瞞《ぎまん》に気付く

昨今のマスメディアで露出度の高いＮＥＷＳのうち、特筆すべき問題で考えてみました。私は日頃の情報を補完する意味合いで週刊誌を購読しますが、週刊新潮三月二十七日号に掲載のタイトルからピックアップしてみますと、①ＳＡＴＰ細胞の〝世紀の大発見〟と、その互解に向けリーチ状態なのか、②現代のベートーヴェンと一部賞賛された人物にすべての曲にゴーストライターが存在したとの顛末《てんまつ》、とあります。ふたつとも誰しも不可解で、近頃、驚愕させられたＮＥＷＳだと思っています。

冷静に考えますに、私達はビジネスや生活上で、他人を「疑う」ことは大変失礼なことで、潔ぎよくないことだとの思いが先行しすぎる帰来があります。また、先ず人を信じてからだとの思いは美徳だとの認識があることも事実です。これは長い歴史にもかかわらず、海に囲まれ他国からの侵略がなかったことによる、日本人の特有の農耕民族としてのＤＮＡなのかも知れません。また、ＮＥＷＳやマスメディア情報を意外に疑義を持たず、簡単に信じてしまう気風は厳に戒めていく必要があると思います。かく言う私自身もこれまで、大かれ少なかれ「エッ」と絶句するほどの、これに類する実害を受けたことは忘れることは出来ません。

過日、親しくお付きあいしているベテランの司法書士さんとの会話で、人が**財産を失うことの**

第八十三話　№101　2014.03「起業アドバイザー便り」より

原因は大きく二つあり、ひとつは他人に騙されるか、もうひとつは自己管理が甘く浪費によるものだとのことでした。

そこで参考までにGoogleで「騙す」を検索して、簡略に纏めてみました。女性・世間知らずなどを騙す＝甘言にのせる・引っかける・罠にかける・迷わす・言いくるめる・（ウソを）信じ込ませる＝詐欺師・タヌキなどが騙す。たぶらかす・あざむく・ウソをつく・ごまかす・ひと芝居打つ。

私たちはこれらの事実を踏まえて、何事も人との接触や交渉事において「そんな上手い儲け話しはない」「何事もそう簡単に事は進まない」などと、相手の話しを鵜呑みしないで、常々疑義を持つことを常態化して防備していくしかないのかも知れません。

最後に、最近の世相の中に「ギミック（gimmick）」という行為が潜在化していて、普通に生活している人が、入口のところで気が付かないよう、巧名に仕組まれて少なからずの被害にあっていることを聞き及びます。ギミックとは通信販売や交流サイト上などで、作りものや偽物、幻想や、まやかしのことです。

いずれにしろ騙そうとする人はプロで、受身で騙される人は素人です。日常の中で賢く、失敗して泣かないで生きるためには、**世相に敏《さと》い人間になるべく、まだまだ勉強することの**多い世の中です。

銀行借入と連帯保証人

ある日、都内にて製本業を長年営む八十歳代の男性が来社され、取引していた銀行から自宅兼工場を競売申立てをされて、競売入札の期日が決まってしまったが、どうしたら良いかとのご相談でした。金融機関としては融資をするにあたり担保をとり（この場合は不動産）、社長個人を連帯保証人として、返済が滞れば諸手続きを経て不動産を競売に付し、貸金を回収することは当然の行為ですので、事情を説明し、もう少し早めに相談されていれば、多少の方策を講じられたにと残念に思いました。事業経営を継続して行けば、必ず資金操りがあります。経営者にとっては心安まらない毎日が続きます。起業することは想像以上に大変な行為ですし、大きなリスクを伴います。起業することは、簡単に途中でやめたり、投げだしたり出来ない、究極の自己責任の行為なのです。マスメディアで「起業」に関する情報は、たくさん露出されても、起業における失敗とその影響については残念ながら触れられていることは多くはありません。「熱血弁護士村松謙一の体験的企業再建」（TEIKOKU NEWS）の中に次のような文章があります。

「経営責任とガバナンス」

私が債権者（貸付け先）の方に言いたいのは、「中小・零細企業経営」という特殊性である。経営者は自宅を担保提供し、自ら保証人となり、その命を削って働いているのである。大企業の

第八十四話　№.102　2014.04　「起業アドバイザー便り」より

経営者とははっきり違うのである。経営者であり、営業マンであり、技術指導者であり、労働組合長であるなど、会社の中心として自分の体と心を犠牲にして、働き続けている。

この文章を読むと、私がこれまで強く言い続けている**「経営という学問は学べても経営の本筋そのものは学べない、経営は事上磨練《じじょうまれん》だ」**ということの真理を改めて思います。つまりこれは**「実際に行動や実践を通して、知識や精神を磨くことだ」**ということに他ならないのです。

その中で資金の調達に関しての経営者の連帯保証人について簡単に纏めます。

一．保証人には普通の「保証人」と「連帯保証人」の二種類があり、保証人とは、正確には連帯保証人のことを指しています。

二．言うまでもなく保証人とは、お金を借りた人が返済をしないときに、そのお金を返済することを約束した人です。

三．「連帯保証人」の場合には、借金をした本人と同等の責任を負わされます。

四．「連帯保証人」の場合には、お金を借りるときは、通常「担保」が必要です。担保は借りた人が(債務者)が、万が一返済できなくなったときに備えて、お金を貸した人(債権者)に差し出す財産のことを言います。

最近マスコミなどでは保証人制度を変えることが必要との論調が出てきています。安倍首相は「中小企業経営者は個人保証なので、一度失敗するとすべてを失う。これでは再チャレンジなどできないばかりか経営の経験やノウハウが一度でうずもれてしまうことになる。これは国家全体にとっての損失となる。そのためには「個人保証」偏重の慣行から脱却しなければならない。」(安倍総理 2013.5.17 成長戦略第2弾スピーチより抜粋）と述べています。

フランチャイズ事業で、食い物にされないために

この頃、YAHOO! JAPANのサイトに、のべつ幕なしにアントレnetのディスプレイ広告が大きく取り扱われています。独立開業・フランチャイズ代理店アントレnet「独立資金0円 年収1000万円者続々」とあります。勉強のつもりでクリックしてみますと、フランチャイズ事業（以下FC）を通じて独立開業をとのアプローチが強烈です。そして各FC本部のサイトに導びかれるわけですが、その内容をチェックしてみますと、これが全く安易、粗雑で、なおかつ疑問だらけで、もっと言えば、大変危険視すべき事柄が多くて、社会通念上、問題だと思わずにはおれません。

また二〇一四年五月十一日付けM新聞に「東京フランチャイズ独立開業EXPO2014」の広告欄があり、それに「国内人気フランチャイズ約五十五社が（予定）が集結」とありました。内容をひと通りチェックしましたが、常識的にも掲載の各業種に、許認可や、かなり熟達した技術や相当の知識と経験が必要なもの、また大がかりにやらねば事業として成立しないものなど、その実現性に疑問を持つことだらけでした。

冷静に考えてみましても、このようなサイトを取扱う会社、そのサイトを利用してFC主体が自らの利益を図る仕組みを、広く伝えるこのビジネスモデルに、疑念と憤りを感じずにはおれません。

第八十五話　№.103　2014.05「起業アドバイザー便り」より

そして、いつの世も「騙す知恵の悪質さ」に、本当に素人たる、これからの起業を考える人はしっかりした知識と見識をもって欲しいと願わずにはおれません。

スタート時こそスタートを狙う安易な商法には乗るなというのが私の主張です。

当起業アドバイザー便り第四十二話（二〇〇九年十二月）の安易な起業に警鐘より引用しますと、私の起業についての考えは、多岐に亘りますが、あえてここで改めて最大公約数として要約しますと、次の点が挙げられます。

① 計画や準備は慢らないこと。（これからスタートするビジネスモデルのマーケットにおける優位性の確認や実現性。実社会において積んで来た自らの経験と、資金、パートナー選びなど）

② 自身の健康と身内の理解に万全を期すこと。（耐乏生活を強いられることもある）

③ 最低三カ年はなんとしても目的完遂するという精神力を持ち続けること。

ここでお伝えしたいことは、起業で大切なことは、単に起業することでなく、誰しも事業として成功しなくては意味がないということです。起業することは想像以上に大きなリスクを伴う作業ですし、簡単に途中で止めたり、投げだしたり出来ない自己責任の行為なのです。それ故に現代の若者特有の単なるノリで起業すべきことではないと警鐘を発したいと思うのです。最後に、起業に挑戦して得られる人生は貴重ですが、安易に取り組み、大いなるものを失う人生ではあってはならないと思います。ですからそのスタートが騙されたものであってはならないのです。

創業時に必要なチェックポイント損益分岐点分析

創業時は無我夢中で、毎日の課題をクリアすることで精一杯です。経営している自覚よりも、今日という日が無事に過ぎれば「良し」とする気構えしかない、慌ただしい毎日を送ることになります。そうする中で「勘定合って銭足らず」などに直面することになったりするわけですが、事業のスタートから一～二年は、経営指数を意識することなどが難しい実情ですので、ここで最低押えておくべき必要な損益分岐点分析にふれてみます。

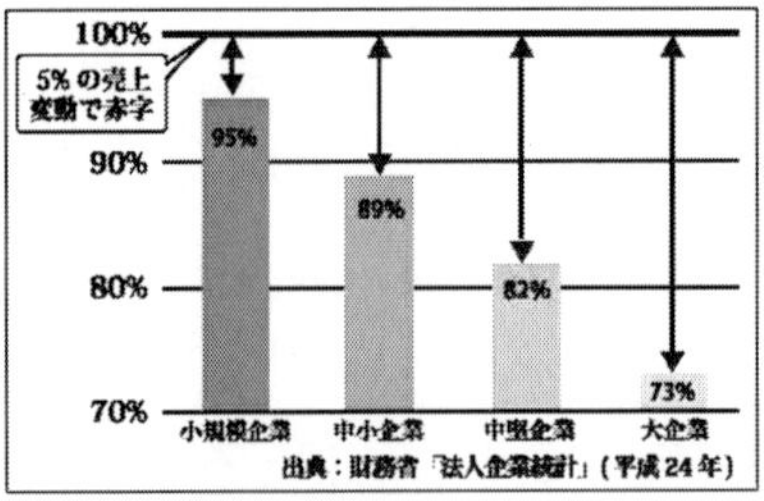

図１　損益分岐点比率

$$損益分岐点比率 = \frac{損益分岐点売上高}{売上高} \times 100$$

図1は、会社の規模別の**損益分岐点比率**(break even sales) です。実際、小規模企業や中小企業は損益分岐点比率が約九割と景気変動や売上変動が直ちに業績に直結し、赤字・黒字を繰り返しているのが実情です。損益分岐点比率が低ければ低いほど、売上低下による業績悪化への抵抗力があるということになります。

第八十六話　№105　2014.07「起業アドバイザー便り」より

図2限界利益（marginal profit）を利益展開図表で変動費・固定費を含めて理解して下さい。

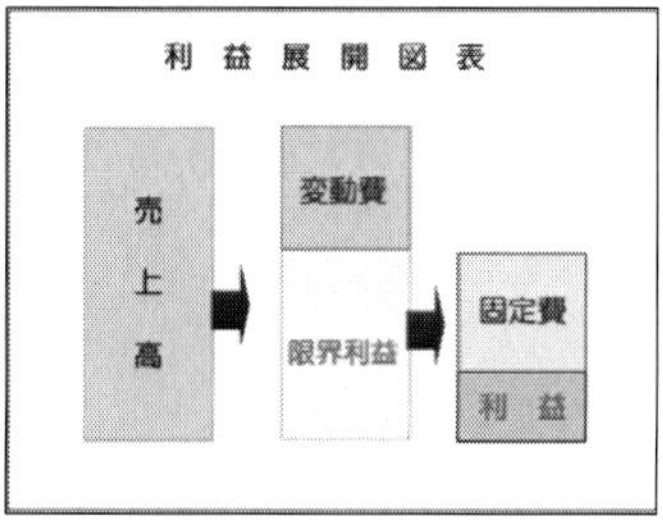

図２　限界利益

売上―変動費＝限界利益

限界利益―固定費＝利益

図3損益分岐点売上高（BEP：break even point）

損益分岐点売上高とは、利益が「0」になる売上高です。

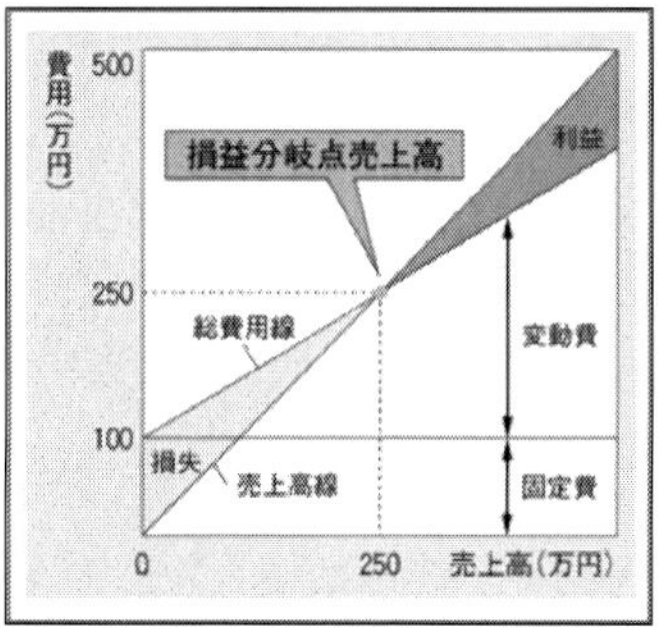

図３　損益分岐点売上高

利益＝0となる売上高
すなわち
限界利益＝固定費となる
売上高

要約しますと**創業時は売上の額をいたずらに追わず、固定費を日常的にしっかり管理し、変動費率の増加に注意を怠らな**いことだと思います。

経営危機をもたらせるもの

私の事業歴は創業が一九七一（昭和四十六）年ですので、この七月で四十四年目を迎えました。改めて考えてみますとアッという間のような気がしますし、一方、大きなうねりの長い熱闘の毎日だったとも感じております。この期間を振り返ってみますと、一九八五（昭和六十）年に端を発したバブル経済が一九九二（平成四）年に崩壊。二〇〇八（平成二十）年には世界的な大不況の引き金になったリーマン・ショックが発生。加えて二〇一一（平成二十三）年三月の東日本大震災には思わず天を仰いだことでした。そしてここ数年は、会社のいわゆるバブル経済崩壊以降の「失われた二〇年」の後始末に全精力を傾けて努めて来た日々でした。こうしてこれらに一応のメドをつけて感じてることを、今月のテーマといたしました。誰しも自身が起業し事業歴を重ねて来ますと、折にふれ経営のピンチという事態に直面することがあります。その経営危機をもたらせるもののひとつに、外的要因があります。常々、どのような企業も世界的な、また日本も同様ですが、政治や経済、自然災害なども含めた外的要因で経営基盤を揺らされます。ですからとくに中小零細な企業は、これら環境という海に浮かぶ小舟のような不安定なものと思わされることが多々あるわけです。最近の事例として国内航空三位のスカイマークに関しての新聞の切り抜きのタイトルだけですが列記しますと次のようになります。

第八十七話　№.106　2014.08「起業アドバイザー便り」より

七月三十日　日経新聞　スカイマーク苦境　大型機解約エアバス通告、七百億円損害賠償も。
ＬＣＣ台頭で業績低迷
七月三十一日　日経新聞　スカイマーク、巨額「違約金」なぜ売買、キャンセル条項なく
八月四日　日経新聞　エアバス「A380」需要低迷で焦り　超大型機時代遅れに
八月七日　日経新聞　スカイマーク、成田撤退　着陸料など　年三十億円削減
八月十五日　日経新聞　路線十月から二割減　スカイマーク運賃最大六九％上げ
八月十九日　日経新聞　スカイマーク支援を検討　エアアジア経営権狙い、出資

記事を読み取りますと、契約を結んだ二〇一一年当時、同社は国内線で高い水準の利益を挙げており、資金調達も可能と考えていたとのことです。しかしＬＣＣの参入などで業績が悪化し、二〇一二年三月末に三百六億円あった手元資金は、今年三月末には七十億円まで減少した。とあります。この例を引くまでもなく、物事が上手く回転しているときの事業予測としての設備投資計画（国際線進出）は、大きな事業環境の変化に直面すると、ひとたまりもなく窮地に立たされてしまいます。

もうひとつは内的要因で、これは人災トラブルというものです。最近、世間を騒がせた事例としてふたつ挙げます。平成二十六年七月のベネッセホールディングスの連結子会社である株式会社ベネッセコーポレーションにおける個人情報漏洩問題、平成二十五年十二月のマルハニチロホールディングスの孫会社アークフーズ群馬工場における食品の農薬混入事件。いずれの事例も大企業の問題ではありますが、私たち、中小・零細企業の経営者としては**「人の（他社）のふりみてわが身（自社）を正せ」**で今後の推移を冷静に見守り、学ぶべきことだと思っています。

「段取り」を如何にしていくか

昨今、隣接する十階建てのビルの建築現場の進歩状況を、間近に見ていて感じることがありました。ひとつは地下の基礎工事に多く時間と神経の集中が伺えたこと。もうひとつは、相当数の資材の搬入と、それを高い階層への移動のための「段取り」のスムーズさでした。その「段取り」のスムーズさを特に感じた場面は、コンクリートポンプ車が上層階までの高い配管を使い、コンクリートミキサー車からの搬出されるコンクリートを圧送していて、その車輌がほぼ役目を終えそうなときに、近くに待機していたミキサー車がその後方に間断なく配置される場面でした。もちろん現在では携帯電話があり、また建築現場に警備員が付き、交通誘導するなど、近年スムーズな段取りは容易になったことでしょうが、その一部始終を見ていて、どんな仕事にも「段取り」の重要さは同じだと改めて感じました。私たちの日常の企画・提案ビジネスの実務も、レストランや飲食店での料理づくりなども、昔から**「段取り八分、仕事二分」**と言われ、この意味合いは同じだと思われます。

最近ご相談に来社された方のひとつの例で説明します。あるＮＰＯ法人が、入居中の事務所の立ち退きに関しての相談したい旨、連絡がありました。従来の所有者が耐震構造上の問題で売却したとのことで、新所有者は当刻ビルと隣地ビルを一緒に買収したので、立退きの交渉が始まっ

第八十八話　№.107　2014.09「起業アドバイザー便り」より

たとのことです。私はメールにて面談の前に次のように資料を整えて来社されるよう要請しました。

一．現在継続されている賃貸契約内容（保証金、家賃、など）と期間終了日
二．新所有者の立ち退きの申し出の条件（金銭的なことも含む）
三．相談者サイドとしての移転するか否かの意志決定（希望や考え）
四．仮に移転するとしたら引越費用その他諸作業の費用概算
五．事務所経費（ゴム印作成、ＨＰの変更など雑費）
六．新事務所に移転するためのスペースその他の条件（先方に物件を探してもらうことも条件に入れる）

それから約一カ月程経過後に、全ての資料を整えて理事の方二名が来社され、相談時間も私がいつも決めさせて頂いている一時間程で終了しました。どうしてそのようにお願いしたかと言いますと、当日相談者が、資料も整えず、内容説明に口頭だけであれこれ話があちこち飛びますと、全体像を把握するだけで、かなりのエネルギーを消費してしまうことになるからです。「段取り」とは物事を進める準備を整えることですので、今回相談に見えた方は、このことを理解して資料を整えて下さったからスムーズな対応が出来たのです。

著名なデザイナーの方や、また食の世界の親方と言われる方のお話でも「下ごしらえ」すなわち「段取り」のなかに目配り、気配り、心配りの必要を当然の如く、盛り込めることが大切だとお話ししておりました。

三つの配り

この世の中には、生きて行くための人生の名人、達人という人が居ると思っています。そしてその人は他に認められ、常日頃の人間関係に「**目配り**」「**気配り**」「**心配り**」の三つの「配り」が成されている人だと思います。要約すると、よく言われる己れを抑制して、他の人のために尽くす、即ち「利他の精神」を持ち合わせている人だと思います。また反面、何事においても常に受け身となり、ここで言う「配り」でなく、終始、他から施しを受けることしか出来ない人は、結局、円満な人付き会いが継続出来ない故に、人は遠ざかっていきます。

ですから、私は三つの配りが自然な形でかつスマートに出来る人がいると、人間行脚を標榜する身ですので、この人と末永く接して大いに学ばせて欲しいと思わずにおられません。しかしながら、どのような世界でも、また、何をするにも多少の資金や心に余裕が必要であることに変わりがありません。ですから、企業であれば継続的で、かつ確実な収益力、個人であれば不断の知恵と汗を流すことによる稼ぐ力が求められているのです。収益力が供なわないのに、見栄や虚栄心で不相応な出費をしての赤字決算や、収入に見合わない散財で他の迷惑をかけたり、その結果の個人破産など論外です。

私は最近この三つの配りの継続は、単に個人の人間関係の円満な構築のための問題だけでなく、

第八十九話

№108　2014.10　「起業アドバイザー便り」より

事業における全ての活動の根源を成すものと考えられるようになりました。これは自分が、さまざまな経験を経て、歳を重ねただけでなく、物事の道理がわかることになったのだと思います。

ある日、私のところに久しぶりに会う友人の来社があり、手土産を頂いたり、在席した社員の皆に声をかけ、集まって写真を撮りましょうと呼びかけて、記念撮影を致しました。後日、その集合写真が送られて来まして、大判の写真は額装され、あとは人数分だけ紙焼きされたものでした。しばらくして、その方が他の用事で再来社された折に、在席の皆がしっかりと「いらっしゃいませ、先日は有難うございました」と立礼して御礼の挨拶をしました。それから外での会食の席で、友人が「皆さんから気持ちを込めたご挨拶頂きました」とのお話を伺いました。私は常々、他人《ひと》の気持ちを有り難いとする感謝の気持ちと、素直な心で接していきましょうと呼びかけている結果だと思いました。

事業活動や営業活動は、単に第一線の営業マンのみがするものではなく、**全社員の心からの「一挙一言」が肝心**で、これらが日常的に継続されていてこそ、企業にとって他に信頼を得て次の展開に継げることが出来るのだと伝えてまいりました。言葉で出す、態度で示すこそ三つの配りの根本だといつでも思っています。

人間を知るということ

私たちがビジネスを展開していくうえで、他の人との接点（関わり）が、かなり重要なファクター（要因）であると、私自身の経験と、先達などの話の中で、より理解して、長年に亘りその良好の関係に努めて来ました。二〇一四年四月より若手経営者と士業の方を中心として事業経営に関する事柄と、人間学を併せもった「経営いろは塾」第一期をスタートさせました。何より私が受講生の方々に期待していることは、当塾を通して、経営実学の知恵と人間学を大いに学んでほしいこと、同じ志を持った人達で最高の人間関係を築いて、生涯の友としての関係を築いて欲しいことのふたつです。究極的には、人間関係がいかに何事においても大切なのだと理解して、その継続に努めてもらいたいとの趣旨なのです。

また日々刻々と過ぎていく自分達の人生というものを理解して、しっかり生活していく人と、ただ漠然と毎日を過ごしている人との差は、後日には大きな差になることは明白な事実です。このことをよりわかったことは、最近出版された「野村克也の人間通」（二〇一四（平成二十六）年十月海竜社刊）を読んで、心にストンと落ちることがたくさんあったからでした。

同書のはじめのページの見出しに、野球と人生は不即不離《ふそくふり》─二つのものの関係が、深すぎもせず離れすぎもしないこと。つかず離れず、ちょうどよい関係にあることとあります。ですから彼は、

第九十話

№.109　2014.11　「起業アドバイザー便り」より

野球人生をしっかりと深く誠実に接して来たからこそ、著わすことの出来た冊子だと思います。

同氏は高卒後、契約金ゼロのテスト生としてプロ野球生活をスタートさせ、六十年間に野球の世界に関わって来ました。いわば野球人生を通した人間を知って来て、そしてそのエッセンスを記述した冊子です。

人間を知る前提として、先ず「出会い」があります。**即ち「縁」**ということだと思います。その人は、生涯の友人となり、掛け替えのない師となり、または人生の伴侶であったりします。ですからこの「縁」の延長線上に人との接点があって、創業経営者が余裕が得られたとき、創業時をふり返っての話の中に出る「運」が強い、「運」が良かったとおっしゃいます。それらの方々の特長はおおむね、仕事と人間関係を何より大切にする気概に溢れ、誰にも誠実な態度で接しています。

また、少なからず、自らの不実なことで人との縁を断ち切る愚は避けて来ていると思います。そして、人を知ることの難しさも大きな課題となります。一度だけの出会いでその本人をわかるなどとのことは大変危険な考えです。私たちが「人間通」になるには、まだまだ超えていかねばならない峠はたくさんあると認識しています。

変わる起業の型と周辺環境

時代の変化や技術の進歩等さまざまな要因で、当然のようにその時代を反映する産業や事業経営の型やスピードに変化が見られ、起業の在り方にも顕著に表れています。たとえますと、ひとつは、**起業の動機**です。これまでの私が見聞きした話しとして、本人の幼少期の家計が苦しく、身近かな母親の髪を振り乱して必死に働く姿を見て、自分が早く家を出て立身出世をして、将来は家を建て、両親と一緒に暮らして楽をさせたいなどとの話しはそこかしこにたくさんありました。現在では平成二十六年十二月十九日日本経済新聞の記事に、高校時代にハンバーガーやドーナツなどのファーストフード店に行くのが大好きで、「将来は自分が日本発のファーストフード店を立ち上げて世界に日本の食文化のよさを知ってもらいたい」との、たこ焼きチェーン「築地銀だこ」運営のホットランド社長佐藤守男氏が紹介されていました。

二つ目は**起業のスタートの時機**です。一般的には、一応社会に出て技術や人とのつながりや支援者の後押しで起業や独立をするのには、ひとつの時機の単位としてやはり十年は経過していたと思います。しかし、現在は、大学や大学院に在学中や、社会に出て数年の若者が世に打って出て来ています。またそれとともに新規株式上場（ＩＰＯ）にも意欲的で、一例として私もユニークなビジネスモデルであると認めているフォトクリエイト社があります。同社は二〇〇二年一月

第九十一話　№.110　2014.12「起業アドバイザー便り」より

設立、二〇一三年七月に東証マザーズに上場の企業で、マラソン大会などで撮影した写真を、インターネットで販売するニュービジネスを展開しています。

三つ目は**資金調達について**です。かつて私もそうでしたが、サラリーマン時代より起業のため「種銭」を貯金して、とにかく起業のスタートをよりスムーズに安定させる手段だと思ったからでした。しかし、最近では、未上場のベンチャー企業による資金調達が活発になって、スマートフォンの普及を追い風として、ネット関連企業はかなりの額の資金調達が可能となり、金融や出版などの異業種がベンチャー企業に投資する例が散見されます。従来は政策金融金庫や、地方金融機関からの資金調達でしたが、他にない優れた技術をもつ有望ベンチャーに対しては、恵まれた時代が到来したと思われます。

四つ目は**「起業の輪」の存在**です。日本経済新聞二〇一四年十二月十三日朝刊によりますと、二〇一四年十二月のＩＰＯは前年より六割多い二十八社に達する見通しとあり、その背景には先輩起業家が後輩を支援するケース、米シリコンバレー型の「起業の輪」が日本にも根づき始めて来た、とのことです。誰しも他の法人の力を一時借りても成功への道筋をたどって欲しいものです。資金や経験を新たな起業家に提供する「エンジェル」の存在はシリコンバレーでは一般的で、これらの動きが今後正しい方向に進展していくことを期待しています。

世界的（欧米や中韓も含め）に比べて日本の開業率はかなりの低さです。そして中小・零細企業における転・廃業は増加して行きます。これから起業する人、経営をスタートさせた人は、時代の変化を先取りして、あらゆる面で最大限の努力をする必要が求められています。

事を成すには、やはり十年かかる

新春、仕事始めの日に、長年私が経営において陰に陽に支援して来ましたK社のY社長と幹部二名の人が年賀の挨拶に見えました。Y社長とは、私が二〇〇七（平成十九）年五月に千代田区内の秋葉原・神田地域の発展と拡充を目的とした秋葉原・神田地域ポータルサイト（www.aki-kan.jp 現在休止中）を開設しました折に、〝アキバ文化の発信の担い手として、知人から〝アキバに強い人〟と紹介されジョイントベンチャーをスタートさせてからのお付合いです。

K社は二〇〇五（平成十七）年六月にはHPの制作会社としてスタートしました。その後、イベント企画事業・運営委託会社として変遷して来ました。毎年定期的に三名が連れ立って活動の報告に来社し、私はその時々に適確な助言をしてまいりました。かつてY社長と初めて面談した折に、自分の一番親《ちか》しい場所が秋葉原なので、ここを事業基盤として事業展開をしていきたいとのお話で、大いに期待して応援しますと伝えたことが記憶に残ります。

今回、挨拶を兼ねての報告は、今日までひたむきに三名がそれぞれの能力や得意技を活かし、多方面に亘る努力が、ようやく実を結び、数々の成果をもたらし、それを資料を基に説明を受けました。私にとりましては想像以上の成果で、大変喜ばしく、今日を迎えた彼等の奮闘に、目頭が熱くなりました。

第九十二話　№.111　2015.01　「起業アドバイザー便り」より

それぞれの面持ちから、ともかく多少とも展望が開けて、彼等がやって来た努力が確かなものと自信に溢れた姿に感動いたしました。私がY社長に「大変立派なことですが、何年かかりました？」との問いに**「創業から大よそ十年です」**とのことでした。

昔から何事も事を成すには、**やはり十年はかかる**との声は多方面の方から耳にして来ました。**起業して数年間は紆余曲折**を克服しつつ、収益に結びつくビジネスに結びつかず、まともな給料もとれず、先行き危ぶまれたことも知っておりました。

若いときの起業は、自分もそうでしたが、資金も人脈も良きメンター（指導者・助言者）もない場合が多く、ただ自身の若さと熱情だけで全人生、全人格、全情熱を賭けての闘いです。促成野菜のように種を蒔いて、すぐ収穫など望むことすら叶わない行為です。今では葉を繁らせる立派な樹木も、一年また一年と歳月の積み重ねの後に丈夫な幹を形成します。新春にふさわしい来客で、私の心も明るくなる話でしたが、私の経験からして冷静になれば「これも一里塚」です。得てして上手くいっている時こそ、全ての点でこれまで以上に汗を流し、知恵も出していく必要があります。

私は、メンターとして、しっかり今後の彼等の行先を見守っていくことが責務だと思っております。

教うるは学ぶの半ば

昨年四月に主宰しスタートした「経営いろは塾」の二月定例会が、二月十七日開催されました。スケジュールのスタートは、メンバー四名による交代制の五分間のスピーチです。テーマは決められていて「私の仕事、私の思い、私の情報他」などです。さすがに各自三回目となりますスピーチですので、内容や姿勢などが立派で、大いに感心もし、また学ぶことが多いひと時です。申すまでもなく、人は与えられた状況に適応し、事態に即応することにより経験を積みます。その経験が他の評価もあり、自信に継がり、次の機会に活きて来ます。またスピーチの内容も、その組み立ても、常に日常の中の気付きや、それを深掘りして思いを施せ、自分のものとしています。何かの機会に急にスピーチを求められても、スマートにそれに適応する人は、このような経験と思いの深さと柔軟な姿勢で、日々を臨んでいる方だと理解しています。

この「経営いろは塾」の主宰の発端となりましたことは、私がここ数年来、東京都の外郭団体等より「創業セミナー」や「起業塾」での経営実学を踏まえた講義を依頼され、参加した受講生の方々から、その後、継続して諸々の相談に預かってまいりました。その中で強く感じましたことは、起業してこれから経営をスタートさせる人、また、実際に経営に携わっている若手経営者にとって、「理論・方法論」のセオリーだけでなく、経営の実学の基本的事柄と、それに関する多

第九十三話　№112　2015.02　「起業アドバイザー便り」より

くの知恵を学ぶべきということでした。

また職業専門職（士業）の方は、クライアント（顧問先）に対し、高度で良心的な士業活動をするとき、先ず第一に求められることは、事業経営者の置かれている経営における基本的なスタンスや、幅広い経営に関する事柄への理解です。そのためには身近な、さまざまな業種の事業経営者との良好な接点が求められます。経営のいろはを学び、社会や人間を知ること、その他経営周辺の物事や知識を深めることは、士業の皆さんにとって大きな意味合いで、自己修練の場となります。そして講義終了後の懇親会は、他の職業専門職（士業）の方、事業経営者、講師等とのよき交流の場となると確信しております。

約一カ年近くこれら一連の活動を通して、私が深く感じたことは**「教うるは学ぶの半ば」**ということでした。要約しますと、毎回、私自身が時流に合わせた経営の要点や、その他のカリキュラムを作成し当日に臨むわけですが、塾生の皆さんにそれを提示し、教えるということは自らも学ぶということに気付かされます。資料整理のために多くの資料を集め、目を通し纏め上げることですが、意外にそれらの事柄に関して深く知らないことも多くあり、しっかり調べて準備しております。いくら四十五年の経営実務と、多少ともの専門知識を持とうが、中途半端の知識は当然の如く人に理解を求める結果は知れています。

懇親会の席上で、女性の専門職の士業の方が、先程のメンバースピーチを私が誉めましたところ、**「アウトプットするためには常日頃インプットに努めている」**と話して下さいました。私も納得した「言葉」のご馳走でした。

最後までやり通す力

当「起業アドバイザー便り」も本年十月をもって120号になり、二〇〇五（平成十七）年十一月を初号としてスタートしてから早や十年になります。思い起こせば、当時の書店にはITビジネスやM&A関連誌が数多く平積みされ、ベンチャー事業経営者のサクセスストリーが華やかでした。私は事業経営者のはしくれとして、身をもって事業経営とは事上磨練《じじょうまれん》（実際に行動や実践を通して知識や精神を磨くこと）の成せる業で、先ずもって実業でなければならないと思って来ましたので、マスコミや出版社のこれらの企画の動きに、常日頃、違和感をもってきました。ですから冷静に考えて、若く知識の浅い人たちが抱く起業というものに対して、もっと正しくかつ根本的な事柄を伝える必要を強く感じました。当時は一説に「失われた15年」と伝われつつある時代に、社会も元気がなく閉塞感を感じていましたので、若者が起業を通して、これからの自らの人生を切り拓くべく挑戦魂を燃えたぎらせて欲しいと、大いに期待したいものと思ったからです。そのことからして私の狙いは、そもそもその入り口たる起業の初歩的な事柄を幅広くアドバイスするためでした。

私は自身が大きな物事をスタートさせるとき、必ずや自問自答します。やるべきことを決めたとしても、決して安易な考えでそれに取りかかってはならない。熟慮して信念と体力そして気力

第九十四話　№113　2015.03　「起業アドバイザー便り」より

に自信がなければ初めから手掛けない。そしてやるからには十年は、やり通すのだとの自分との約束です。何か大きなことをスタートさせたら途中下車は出来ない。仮にそうした姿勢を他から見たら自身の評価を下げることだと見聞き知っております。ですから月並みな言葉になりますが**「継続は力なり」**を実感するとともに、**「あきらめない」「投げださない」「耐えることを知る」**との大切さを折にふれ心に止めて、物事に臨んで来ました。

これも私の一例ですが、かつて祖業の企画・デザイン・印刷業の株式会社ナショナルプレスを一九七一（昭和四十六）年に創業し、その後の一九七八（昭和五十三）年九月から一九八八（昭和六十三）年九月の間の土曜休日制を導入する際の「月刊カレンダー」です。それはクライアントや関係者に土休日を予め通知し、業務に支障無きようとの計らいから生まれた特注のハガキの裏面に記したもので、百二十カ月十年続けて、二〇〇〇（平成十二）年の創業三十周年に小冊子「ロマンと算盤と」に取り纏め関係者の皆様にお配りさせて頂いたことがあります。

当「起業アドバイザー便り」も１２０号、十年でひとつの区切りとして小冊子として取り纏めようとの考えをもっています。ようやく先が見通せるようになった今日、これまで同様に心に誓ったことをやり遂げられそうだとの安堵感を持ち合わせております。

私の人生も〝起承転結〟の〝結〟のゾーンに入って来ていると意識しております。ですから物事のスタートも大事、そして終わり方、締め方も、より大事なのだと改めて思っております。

起業支援は的を射た仕組みづくりが必要

現在、日本経済の重要課題として、ひとつに新たな産業の奮興のためも含め起業の促進があります。その起業・開業における最近のデータ－として、開業率は欧米諸国の一〇％前後と比べ四～五％と低調で、さまざまな事情による廃業率より下回っております。

こうした中、四月二十六日の日本経済新聞の記事に、起業環境の改善のユニークな取り組みとして、都内の練馬区が地元金融機関と連携して区内の事業所に設備資金、運転資金としてゼロ金利で五百万円迄融資をするとあります。そこでいつもながら感じることですが、どうしても起業支援の形として画一的な官の発想で資金の共給問題に終始し、本来的な「的を射たもの」になっていないと思っております。

また、一般的な商工会、各団体その他が開催する「起業塾」「創業セミナー」のカリキュラムを見ますと、おおかたが「理論・方法論」のセオリー中心の構成になっています。受講生が起業の初歩を知るためにはそれで良しとするところですが、他方自分の人生をかけての挑戦の起業の人であれば、そのような通り一遍のものでは不満足の極みだと思っております。

第九十五話　№.114　2015.04　「起業アドバイザー便り」より

netにある最近のカリキュラムを一例として紹介しますと次のような内容です。

日程	テーマ	項目
第1回	総論	「好き！」で起業しよう
第2回	事業計画とは	事業計画の必要性とは
第3回	財務Ⅰ	お金の流れをしっかり「見える化」
第4回	マーケティングⅠ	マーケティングを駆使して売上倍増
第5回	マーケティングⅡ	HPは本当に必要でしょうか？
第6回	財務Ⅱ	あなたのビジネスは儲かりますか？☆創業支援機構からの説明
第7回	財務Ⅲ	補助金と税金の基礎知識☆創業支援機構からの説明
第8回	事業計画作成	事業計画を完成させよう！
第9回	事業計画発表・懇親会	事業計画発表、修了証授与・懇親会

それではなぜこのようなカリキュラム構成が成されるかといいますと、一にカリキュラムの構成者が、自ら起業し経営を実体験として修得していないので、正に机上の空論として構成されているからです。二に受講生が真に欲しい先輩諸氏の起業の体験談なども盛り込めず、セミナー出席の動機である起業への期待、迷い、不安を理解して、正しく導びこうとする企画力と知識も含め、責任遂行能力がないからです。三にカリキュラムにダイナミズム（力強さ、迫力）がなく、単にセオリーの消化だけで、アントレプレナー（起業家）を生み、育てようとする意欲も愛情もないことです。いつも思うことですが、主催者サイドの費用（税金）の無駄使いと、受講生の熱い思いとのミスマッチングの悪しき例だと思います。私が強調したいことは、起業・開業の支援を国や地方団体その他が画一的に支援を実施する前に、**起業を志す人たちを「生み、育てる」継続的な仕組み**を十二分に持ち合わせて、実のある行事にしていくべきだということです。

人生の妙、それは人との出会い

年齢を重ねて来て分かることですが、人生を濃縮して突き詰めてみれば「出会いと別れ」ということかと思います。そうした中、Uさんとの出会いは、私にとりまして、我が人生の特筆すべき事のひとつと胸に溜めております。それは私が二〇一〇（平成二十二）年十月～十二月、東京都千代田区で「アントレプレナーのまち千代田」をスローガンに、若い起業家を「生み、育てる」企画を千代田区に提案し、塾長としてスタートした第一期「千代田ビジネス起業塾」が発端でした。起業塾のプログラム構成の中に地元千代田区の事業経営者の講話のカリキュラムがあり、そこでUさんの「専門メーカーの生き残り術」の講話を私も拝聴いたしました。これまでの経験上、おおかたの起業塾では起業の「理論、方法論」のセオリー重視の構成と内容ですが、同塾は長年の経営実務を基に実践的な肉声を伝えることに心がけました結果で、Uさんの登壇になりました。Uさんの話は、全てその起業塾の意向に十二分に叶うもので、さすがに平成二〇〇九（平成二十一）年第一回「千代田ビジネス大賞」の優秀賞の受賞者として立派な経営内容と実績を誇り、かつ理解させて頂いた講話となりました。

これを機に私とUさんは、その後、お付合いが始まり、岐阜県瑞浪市から上京後、徒手空拳での創業、事業継続のこともあり、お互いに地方出身者で似たような境遇だったことで、急速に親

第九十六話

№115　2015.05　「起業アドバイザー便り」より

しくなりました。そして昨今のお付合いでは大いに刺激を受け、私自身大いに啓発されることが多々あります。折にふれての酒席では、いつも共通の話題は経営談義ですが、それはとどまるところを知らず、いつか録音テープで収録して小冊子に纏め、志をもった若い起業家のために役立てたいと二人とも考えたりしております。

また二〇一四（平成二十六）年四月～二〇一五（平成二十七）年三月まで一カ年、私が企画し主宰している若手経営者と職業専門職（士業）の方々の合同経営勉強会である第一期「経営いろは塾」でも、ボランティアながらも顧問にご就任頂き、持ち時間三十分の講話は全く拝聴に値する素晴らしいものです。そして現在は第二期も進行中です。

そこでの講話は、自己規律、利益確保のための日常的な仕組みづくり、全員経営、会社経理のオープン化とその分配 etc. 数えればきりがない程、「誠の経営」を実現なされておられることばかりです。とくに**「公私のけじめ」につきましては、厳とした姿勢**を貫き通していて、その徹底さには、敬服の極みです。

Uさんの座右の銘は「一燈照隅　万燈照国」ですが、現今**「言動不一致」の方が多い中において、このような人のと縁を結ばせて頂いた**ことを、何よりの誇りと幸いなことだと感じております。

「継業」という考え方

去る二〇一五年六月十日（火）夜九時からのＮＨＫニュースウオッチ９に、「継業」中小企業、個人商店〝第三者に事業を引き継ぐ〟とのサブタイトルで特集があり、三十分程の番組を観ておりました。「継業」とは、これまでのように身内や従業員が事業を引き継ぐのではなく、**意欲のある第三者に事業を継いでもらう**という取り組みとのこととありました。

番組は、静岡県清水市の駅前商店街の乾物屋さんの継業の実状をルポしておりました。静岡商工会議所の「後継者バンク」の組織を経由しての話しとのことですが、そこでは二〇一四年四月以降に二十三件のマッチングを試みたうち、成就した例は実際には三件とのことでした。そして会議所の担当者のコメントとして「個人の事業を引き継ぐということになると、正に先ず感情です。人間的な上手くマッチするものがないと難しい」とのことでした。

これまでに私が長年に亘り支援して来た起業の形は、何事も全て自らが「無」から形づくる行為でした。そのために準備期間における自身の心構えと、資金についてなどの準備はしっかりしましょうと伝えて来ました。今回の継業は先人のノレン、顧客、ノウハウ、人脈その他、諸々の事柄を継承することで、自身の起業の夢の実現と、現今の地方の商店街の再生のために新しい考えで実現している行為として新しい時代の形を学ばして頂きました。先人の今までものをそっく

第九十七話　№116　2015.06　「起業アドバイザー便り」より

り引き継げるメリットはありますが、今回の映像のケースのように、**そう簡単な発想で出来ることだとは、**私としては長年の事業活動の経験からして、疑問点は沢山あります。

そして映像では継業者は誰でも良いとのことではなく、顔を見せず背中しか出てない高齢の女性経営者の考えとして、選ぶとしたらの考えとして**「経営の経験」が必須**とのことで、このことは十分理解するところです。また、この継業が上手くいくか否かに対し、この方はフィリング、すなわち相性で**「お互いの感情」が第一**とのコメントも納得するところです。

我が国の中小・零細企業の後継者不在は、二〇一四年の帝国データバンクの調査では、総数の三分の二の六五・四％。後継者が決まった企業の内、三〇・七％が非同族で、二〇一一年の調査時より四・一％の増加で、継業という形は少しずつ増加の傾向とのことです。

起業という形でスタートして事業を軌道に乗せ、その後に後継者不在でM＆A（合併と買収）や廃業、その他の形に第三者に事業を引き継ことが出来、（もちろん成功例を期待しているわけですが）地方創生とのかけ声の具体化は喜ばしいことだと思います。

しかしながら、個人の商店経営といえども経営は経営ですので、厳に経営者たる基本である心身ともの頑強が求められるのは当然だと思っております。

選択と捨象《しゃしょう》の時代

私が主宰している「経営いろは塾」は、第一期が終了して現在は二期生が参加しています。二期生の中には一期より継続して参加しているメンバーも数人おります。そのうちのおひとりの方の話で、この塾で初めて出会い、それを機に公私ともに仲良くなってお付き合いが続いていているとのことで、この塾の開講の目的のひとつは、仲間づくりですので、相互に刺激し合い、切磋琢磨が成されていることを知り、嬉しく感じました。

さて、六月と八月のその「経営いろは塾」の講義でふれていますが、昨今の時事問題として東芝の不適切会計について、このようなことは中小・零細企業経営といえども、けして例外ではないと、日頃から伝えて来ていて「経営は人々が行なう、あるいは起こしやすい営み、即ち営為《えいい》であること」で、事業経営の難しさ、厳しさを改めて再認識させられております。

不適切会計について 一.事業会社 二.代表者 三.コーポレートガバナンス(企業統治) 四.社外取締役 五.監査法人(新日本有限責任監査法人)など、名はあれど本来の機能の責任を全う出来ていない状況があからさまになり、結局不名誉な現実に直面しておるわけです。

八月二十七日の日経新聞に、九月に社外取締役に就任するK氏が、不適切会計の原因のひとつに「利益の出ない事業を無理に続けようとしたことにある」と断言し、その再生には「事業の整

第九十八話

№118　2015.08　「起業アドバイザー便り」より

理が必要」とありました。

最近目を通した本に**選択と捨象（朝日新聞出版刊「会社の寿命10年」時代の企業進化論**　経営共創基盤（ＩＧＰＩ）富山和彦著）があります。捨象《しゃしょう》とは簡単に言えば「捨てていくこと」です。かつて言われて来て、私もしばしば口にして来ましたのは「選択と集中」でした。本誌では、もうこれからの経営環境下の事業経営を考えるとき、従来のように生ぬるい選択と集中ではなく、結論として捨象だとしているのだとしております。集中などの生存手段は通用しないことだ、経営者は強い意志と決断が求められています。政府の産業再生機構のＣＯＯを二〇〇三年から四年間務めて、カネボウ、ダイエー等の事業再生経験を基にした書籍でしたが、今日の東芝の不適切会計に思いを馳せるとき、事業に携わる私たち人間の営為は昔も今も変わらないのだと痛感させられました。

また私達の生活の中で「断捨離《だんしゃり》」という言葉がありますが、**事業経営において「捨て去ること」の意味合い**は、企業生命もかかわることですので心して臨んでいくべきと思っております。

師《メンター》を持ち　医師と弁護士を味方に

私の事業も本年で創立四十五周年を迎えております。そうした中に思うことは、物事には必ずや「起承転結」がついてまわると云うことです。自分のことも踏まえてみても、起業時は自分の信じる道を実現するための人生の大きなカケであったはずですが、若さや未熟さからかも知れませんが、夢と希望だけでガムシャラに突き進んで来たことでした。その後、紆余曲折があり、当然のように大きな試練の毎日が続きました。現実に冷水を浴びせられ、あがき苦しみ、悲嘆のうちに夜も眠れぬこともたびたびでした。いつの時代も中小・零細企業経営者としての自覚は「自己責任」「自助努力」だと痛感しつつ、それらの難局を一つひとつ克服して来ました。こうして一歩一歩の前進に心がけているうちに、人には運もツキも味方することも知りました。他方、ビジネスでも、個人の関係でも、どんなに誠実に自らが接して対応して来たとしても、それがすべからく正しく受け入れられないことも痛感させられたことは枚挙にいとまがありません。〃類は友を呼ぶ〃の例えで、中小企業経営者の友だちも多く出来ました。とくに自分が地方から上京し、東京で起業したことの意味合いで、地方出身者の仲間とは、とくに親しく定期的に会食の席を設けました。自分の脇が甘いと他の友人に批判されたことですが、その仲間の一人が事業経営上、大きなダメージとなったトラブルを起こし、私は巻き込まれました。事業も長く継続して来ますと、

第九十九話　№.119　2015.09「起業アドバイザー便り」より

祖業である事業も展開を求められ、様々な事柄に挑戦してまいりました。その中には、多少とも成果を得られたもの、ほとんど資金を散じただけのもの、スタートさせて〝やれやれ、これから〟というときにリーダーに任じた人の闘病生活など、これも多くの経験を積み重ねてまいりました。これらで学んだことは、物事は何事も頭で描いた計画通りにはいかないものだということでした。

自分でも沢山なことに挑戦して来て、大いなる失敗を実体験の知恵として言えることは、三つです。第一は「**無知はリスク**」だということです。何か新たな事のスタート、または経営上の難問に行きあたったとき、良きメンター（指導者）のアドバイスの導きを求めることの大切さは第一義です。第二は「事を成すには十年はかかる」ということ。これも深く認識しています。ここで伝えたいことは、良き結果は経営者の執念の如く、断え間ない持久力の先にあるものです。安易な取り組みは余程のことがない限りしないこと。やはり他の方の様子を見ても、事を成すにはどうしても時間がかかります。この間、自分の健康を損なっては元も子もないわけです。自分の体調の何かの折に、**親身になってくれるお医者さんは心強い味方**です。第三に「事業は闘いだ」との思いは今でも深いものがあります。いつ何時トラブルが発生した折に、大いなる経験と、明確な良き解決への道筋を示してくれる**商事弁護士は必須**です。それがなければ、いたずらに時間と費用を散じて途方に暮れることになるわけです。事業は闘いだから敵がいるのは当然で、その闘いに負けてはならないのです。これらの三つのポイントに気が付き、大いなる反省も含め、当「起業アドバイザー便り」に記するまでには、相当の歳月が過ぎてまいりました。他人の経験と知恵を学ぶことを、よき機会とする人こそ、失敗を避ける賢者の考えだと思っております。

事の終わり

物事には始まりがあり、そして終わりがあります。この「起業アドバイザー便り」も本号で120号となり、十カ年続けてまいり、今回で一区切りと致します。思い起こせば当時は、新興上場企業やその若手の代表者が株式市場で我が物顔に振舞い、それをマスコミやマスメディアが面白おかしく報じていた騒がしい世相でした。また、書店には若手実業家と称する人の虚実が混ざったハウツー本や、サクセスストリーの書籍が平積みされて、本来的な実業としての経営の在り方を求めて歩む私にとって、少なからずの疑問と違和感を持っていた時期でした。

なぜなら**経営とは地道に一歩一歩の前進が基本**ですし、その入口たる**起業・独立においては、自分の将来を見越して、より冷静に確実に処していくべき**と、創業以降考えて、実践して来ましたので、なお一層の強い思いでした。そして冷静に考えてみますと、まだまだ知識の浅い若い人たちが抱く起業というものに対して、TVや新聞、雑誌などのマスコミ全体が正しい情報を伝えていないと気付かされました。また、これまで書店に平積みされている出版社の濫造気味の、ITビジネスやM&A関連誌の数多くのサクセスストリー本では、真の起業家の声は届かないし、届いていないと思われました。その理由は、起業、経営を理解していない「書き手」の知識と、これから起業・独立をめざす人たちへの思いへの欠落があるとわかりました。

第百話

№120　2015.10　「起業アドバイザー便り」より

そこで私は、自分で出来ることは何かと問い、当時スタートさせたばかりのメールマガジン（S/magazine）に、**私の起業と経営の経験から学んださまざまの事柄と、これから起業を目ざす、また事業をスタートさせた人たちへのメッセージ**として掲載が始まったわけです。こうして十カ年を経過したわけですが、当時に比べ若い男女のアントレプレナー（起業家）は日増しに出現し、サポートする環境も少しずつ整備され、起業の手段も多岐多様な世の中になってまいりました。

私としては平成二〇一一（平成二十三）年一月に私家版　若きアントレプレナーに贈る「起業アドバイザー便り」二〇〇五年十一月－二〇一一年一月（№1～№63）を纏め、二〇一三（平成二十五）年七月に、法令出版社より　塩原勝美の「起業いろは塾」－新しい自分の形　独立・起業への挑戦－を上梓することが出来ました。

これらを含め、十カ年間を過ぎ、ともかくこうして120号になり、一度も欠号せず「事の終わり」を処することが出来、自分への約束を果たせましたことを、幸いなるかなとの思いで安堵しております。

あとがき

私は二十代後半に「自己表現・自己実現」の手段として、ささやかな事業を独力でスタートさせました。そこに至るまで、さまざまの紆余曲折がありましたが、それらは全て「自分のための勉強で、生きるため、成長するための糧」だと勇気凜々でした。

そして「事業専一」に努めて来て、究極的に経営とは「自己責任、自助努力」と気付かされたのでした。

また、私自身が、事業の発展と継続に、誰よりも熱心で心配りして来ても、知識や経験不足、脇の甘さから窮地に追い込まれたり、また他の生きものと同じように、環境の変化で生存が危ぶまれることもあると、身をもってわからせられたことも度々でした。

こうして長年に亘り、数々の経験を通して、人が事業経営して行くことは、何もかも「真剣勝負」で、瞬時でも息を抜くことが出来ない毎日なのだと、痛感させられて来ました。まして、若く、これからの人にとって、起業・独立は人生の一大事で、大いなるリスクへの挑戦そのものです。

私は事業を継続して今日《こんにち》に至りますが、この間、誠に幸いなことに健康に恵まれ「先手必勝」の思いで日々努めることが出来、有難いことだと思っております。

こうして改めて経営実務における多くの場面を振り返って、要約してみますと次のような思いに至ります。

●経営は自己責任、自助努力と運が左右するもの。
●起業して経営をしていくことは、灯りのない暗い夜道を行く、また薄氷の上を歩み、危うさに満ちているもの。
●起業・独立、それに続く経営も実践してみて初めてわかることだらけ。

日本は、かねてより少子高齢化社会で、経済も閉塞感が長年続き、事業を閉じる率が新たな起業率を上回っています。

このような時こそ、若くこれからの人は、自分の人生を考えても「挑戦する人生」として欲しいと期待し、かつ、願わずにはおられません。

●自らの人生は、自らが切り拓いていくしかない。
●自らの喜びは、自らが創りあげていくしかない。
●何もしなければ何も生まれない。

何もしない、挑戦心も持たず臆して逃げる人生を、「自己表現・自己実現」への途に、自分自身のためにも、本書がその変わる一助になればと願っております。

若きアントレプレナーに贈る　『起業百話』

著　　者　塩原　勝美

企　　画　トップ・ビジネスサポート株式会社
〒101-0063
東京都千代田区神田淡路町1-19 千代田ビル
TEL 03-03-3253-2782

創立45周年記念出版事業

編　　集　EDIX

発 行 日　2016年4月1日　初版発行

発　　行　全国編集プロダクション協会（JEPA＝ジェパ）
〒107-0052 東京都港区赤坂8-13-24
TEL 03-3470-3102

発 売 元　株式会社三恵社
〒462-0056
名古屋市北区中丸町2丁目24番地の1
TEL 052-915-5211（代）

ISBN978-4-86487-482-3